現代の国際政治

白鳥潤一郎・高橋和夫

現代の国際政治（'22）

装丁・ブックデザイン：畑中　猛

s-73

まえがき

国際政治を揺るがすような事件や出来事が起こらない年はまずない。2021年もまた様々なことがあった。年初のアメリカ連邦議会襲撃事件は衝撃的であったし、8月のカブール陥落で「対テロ戦争」もひとまずは終結した。その後も9月には米英豪による軍事同盟AUKUS発足と事態は慌ただしく動いた。ウクライナ周辺の緊張も高まっている。そして、年末に至っても新型コロナウイルス感染症（COVID-19）のパンデミックが終息する見通しは立っていない。

中長期的な問題に目を向ければ、米中対立はアメリカの政権交代後も収まる気配はなく、ヨーロッパではロシアがきな臭い動きを続け、大国間政治が改めて国際政治の焦点となっている。コロナ禍や気候変動問題などの地球規模課題（グローバル・アジェンダ）では、大国間の協調は低調であり、グローバル・ガバナンスも上手く機能していないように見受けられる。

楽観的な未来像が描きにくい一方で、かつて国際政治を揺るがせた出来事は着実に「歴史」となっている。第二次世界大戦後の国際政治を長らく規定した米ソ両超大国による冷戦の終結から約30年、米同時多発テロ（9.11テロ）からは約20年がそれぞれ経過した。中東では「アラブの春」から10年、東アジアに目を向ければ中国がGDP（国内総生産）で日本を抜いてから10年が経つ。「冷戦後」や「ポスト冷戦」と呼ばれる時代も、気が付けば自画像を描き出すことなく終わってしまった。

本書は、放送大学教養学部社会と産業コースに設置される専門科目「現代の国際政治（'22）」の印刷教材（教科書）である。この授業は4年間の予定で開設されるが、開設期間中にも国際政治を揺るがす様々な事態が生じることだろう。

捉えどころのない現在の国際政治を、本書では「異質な国家間のグローバルな相互依存」が常態化したものとして考えていきたい。その意味するところは第15章をはじめとした各章で触れている通りであるが、同時代を見通すことは容易ではない。日々生じる様々な事態を適切に把握するための視座を養うことが、本書の目的である。本書は大きく前半と後半に分けられる。総論にあたる前半（第１章から第８章）では、現代の国際政治を理解するための視点を取り上げる。国際政治を学ぶ際の視座を確認した上で、歴史的な経緯を押さえ、国際政治を分析するための枠組みを説明する流れとなっている。後半（第９章から第15章）では各論として、安全保障やグローバル化に伴う諸問題を取り上げていく。

本書は研究テーマやスタイルも異なる３名による分担執筆となっている。高橋和夫先生は、中東地域やアメリカを中心としつつ多面的に国際政治を捉える講義を長年にわたって放送大学で提供されてきた。本書では、「国際人口移動」「環境とエネルギー」「宗教」という難しい問題をご担当頂いた。分担執筆講師の鈴木一人先生は、グローバル化時代の国際政治を多面的かつ横断的に検討されてきた第一人者である。鈴木先生には、「相互依存とグローバル化」と「国際レジームと国際規範」という総論に加えて、各論部分では安全保障問題を論じて頂いた。

なお、放送教材（TV 授業）の各回は印刷教材の各章に対応する形で制作されているが、必ずしも内容が全て重なるわけではなく「付かず離れず」の関係となっている。予習や復習のために印刷教材を読み込み、理解を深めるために放送教材に取り組んで貰えると効果的に学習できるだろう。放送教材でも執筆者３名の持ち味や違いが感じられることと思う。国際政治の持つ多面的・総合的な側面が、本書の各章や放送教材にも反映されていると理解頂けるといいだろうか。

本書の構成案を示した際に、鈴木先生から、「広すぎず、狭すぎず、浅すぎず、深すぎず」と評された。「現代の国際政治」を考える上で程よいバランスは取れているのかもしれないが、本書も放送教材も、あくまで出発点に過ぎない。大学での学びは、１つの授業で完結するものではない。高橋先生と私が主任講師を務める放送大学「世界の中の日本外交（'21）」などその他の授業や、各章の末尾に付された参考文献なども参照しつつ学びを進めて頂ければと思う。

2021年12月
白鳥潤一郎

目次

1　国際政治の構図

白鳥潤一郎

「現代の国際政治」を学ぶ、と聞いて具体的なイメージがすぐに浮かぶだろうか。イメージが出来たとしても、そのイメージは多くの人に共通しているわけではなく、むしろ違いの方が目立つかもしれない。実のところ、それは専門の研究者の間でも同じである。そうであるがゆえに、最小限合意できることに意味があるとも言える。そこで本章では、国際政治学者の多くに共通する見方や基本的な視座を紹介した上で、本書全体の構成を説明する。

1. 国際政治を学ぶ

伝統的に政治学の対象は国内で展開される政治であり、国家間の関係は国際法学や社会学などが主に取り扱ってきた。しかし、第一次世界大戦という総力戦の登場は、戦争を回避し平和をいかに達成するかという課題をより実践的な学問として発展させることに繋がった。現代的な意味での国際政治学が生まれたのは戦間期である。そして、第二次世界大戦後には植民地の独立が進み、主権国家体制が世界大に広がり、さらに国家間の相互依存が進んだことで、分析領域や対象も拡大することとなった。

かつては戦争と平和という問題が中心であったが、貿易や金融といった経済問題、さらには人権や民主主義といった課題を考慮せずに現代の国際政治を語ることはできない。国際機関の名前をニュースで目にすることも少なくないだろう。経済問題で世界貿易機関（WTO）や国際通貨基金（IMF）といった国際連合（国連）の専門機関や関連機関、エネルギー問題でOECD（経済協力開発機構）傘下の国際エネルギー機関（IEA）や石油輸出国機構（OPEC）、気候変動でCOP（国連気候変動枠組条約締約国会議）等々、様々な国際機関や会議体の名前が日々飛び交っている。

ある国家の一員である我々は、同時に地球社会の一員でもある。ヒト・モノ・カネそして情報のグローバル化が、その反作用も含めて世界各国に多大な影響を与える中で、国際政治を学ぶことは現代を生きる我々にとって欠かせない作業の一つともなっている。

「国際政治学」（や「国際関係論」）を冠した授業科目は多くの大学にあり、教科書も多数出版されているが、標準的な授業構成はなく、むしろそれがこの学問分野の特徴とも言える。しかし、それは多くの研究者に共通する認識がまったくないことを意味するわけではない。ここでは、以下の３点をまず確認しておこう。これらは、いずれも国家内の政治と国家間の政治が本質的に異なる理由を確認するものである。

第一に、個人と地球社会全体の間にある存在としての主権国家の役割を重視し、国家間の政治やさまざまな関係が考察の主な対象となっていることは国際政治学の前提だろう。

実際には、人々は容易に国境を超えるし、トップクラスのグローバル企業の経済力は大多数の国家をも上回っている。グローバル化の進展と共に国境横断的な領域も超国家的な領域も拡大しているが、それに伴って逆説的に国家の役割が拡大している部分があることも押さえておくべきである。たとえば、ヒトの移動や重国籍者の増加は、各国家や国家間に新たな問題を生じさせている。国境を越えてWEBサービスを提供するGoogleやAmazonといったプラットフォーム企業に適切な課税をして、再配分を実施できるのは国家である。企業の租税回避策を防止するためには国家間の協力が欠かせない。

さらに、濃淡に差はあるものの、文化や歴史が異なる「国民国家（nation state）」が世界中を覆っていることが問題を複雑化させている。国際的なNGO（非政府組織）の役割も増してはいるが、国境横断的な領域や超国家的な領域を対象とする場合も、あくまで国家を中心にしつつ関連するアクターや関係が認識されることが多い。いずれにしても、国家間関係の重要性は依然として低下しているわけではなく、国境横断的な領域や超国家的な領域も視野に入れつつ、国家間関係を中心に国際政治を分析する意義は失われていない。

第二に、国際社会が無政府状態（anarchy）ということも共通認識である。歴史を紐解けば、宗教的な権威が国家の上位にあった時代や帝国が存在した時代もあるが、第二次世界大戦後に急速に進んだ脱植民地化を経て、現在では主権国家が世界中を覆っている。国連をはじめとする国際機関の役割も無視し得ないが、国際機関の現場は一般に思われている以上に加盟国政府の影響を受けているし、国家を代替するものでもない。統合が深化している欧州連合（EU）は例外的な存在とも言えるが、イギリスが2020年に脱退したことからも分かるように、統合の試みも不可逆的なものではない。国際社会の法化（legalization）と呼ばれる状況も一定程度進んだが、WTOの紛争解決は2010年代半ばから停滞しているし、長い伝統を有して一定の権威を持つ国際司法裁判所（ICJ）も、2003年に設置された国際刑事裁判所（ICC）も国家間の政治を代替するには至っていない。

ただし、無政府状態であることは無秩序を意味するわけではない。アナーキーではあるが何らかの秩序が存在していると見ることは、国際政治学者の多くに共有されている理解である。とはいえ、上位の権威が存在しない一方で、軍隊や警察を持つことで合法的に国内の暴力を独占した国家が対峙しているのが国際社会ではある。それが次のポイントに繋がる。

第三に、国際政治においては様々な要素からなる力（power）が重要だが、究極的には軍事力が大きな意味を持つ。西欧諸国やアメリカ、そして日本といった先進諸国間で武力紛争が生じるとは考えにくいが、先進諸国間の関係でも軍事的な要素や安全保障問題は依然として重要な懸案となっている。軍縮や軍備管理は度々試みられてきたものの、残念ながら世界の軍事費は近年も増え続け、力による現状変更の試みはなくなっていない。また、軍縮や軍備管理には独特の難しさも存在する。

当然ではあるが、軍事力が大きな意味を持つということは、その他の要素が重要ではないということではない。経済問題や民主主義をめぐる問題も国際政治上の懸案として、その重要性はますます高まっているが、これらの問題でも軍事的な要素が無視し得ないことは、国際政治の歴史が示している。また、一時的に軍事的な要素が後景に退いたように見える場合も、大国間の関係が緊張すると一挙に軍事的な側面が前面に登場することは2010年代末以降の米中対立が示す通りである。国際政治が常に軍事力によって左右されるわけではないが、軍事力の関わる領域は影のようにその他の問題にも付いて回っていると理解すればいいだろうか。

国家間関係を中心に据え、アナーキーであることを前提とし、軍事力の役割を重視する国際政治の捉え方は、いささか古典的に過ぎるという批判もあるかもしれない。ここでは、国際政治には時代や地域によって変化する部分とそうではない部分があり、先に示したものは時代や地域を超えてある程度まで共通する基本的な視座と理解して欲しい。また、この基本的な視座はあくまで国際政治学の前提である。ヒト・モノ・カネそして情報のグローバル化がもたらす諸問題は他の学問領域でも当然ながら検討されており、本書の内容もそうした研究から多くの示唆を得ている。そして、冷戦後の国際政治の特徴としてグローバル化の急速な進展を重視し、現代の国際政治の諸側面を多面的に考える授業構成になっていることは、目次を見ればよく分かるだろう。

2. 現代の国際政治を学ぶ

本書の対象は国際政治全般ではなく、「現代の国際政治」である。日本語の「現代」が持つ意味は幅が広く、「現代の」と言った場合に英語であれば modern から current までを含んでいる。本書の各章で取り上げている内容に即せば、「同時代の」を意味する contemporary が近いが、それでも具体的に考えるとなかなか確定的なことは言えない。

「現代」が文脈次第でその意味が変わることは確認しておくべきだろう。「現代」という時代の起点をどこに置くかは国や地域によって異なる。

西欧諸国を中心とする西洋世界では、長きにわたって第一次世界大戦にその起点が置かれてきた。1500万人を超える死者を出しただけでなく、ドイツをはじめ敗戦国となった三つの帝国が崩壊し、さらに大戦中にはロシア革命が生じた。戦勝国側でも、栄華を誇ったイギリスに翳りが生じ、アメリカが台頭するきっかけとなったことも重要であろう。

かつて植民地が広がっていたアジア・アフリカ諸国の多くにとっては独立の持つ意味が大きい。とはいえ独立の時期は様々であるし、日本の植民地であった韓国や台湾のように独立後に軍事政権や権威主義体制が長く続いた国にとっては、民主化も重要な時代の区切りとなった。

現代日本の起点は、第二次世界大戦の敗戦であろう。大戦末期の空爆や艦砲射撃によって日本本土には焦土が広がり、朝鮮半島や台湾など植民地も失った。「大日本帝国」は強制的に解体され、連合国軍によって日本は占領された。占領下では、日本国憲法の制定をはじめとして多方面で様々な改革が行われた。「戦後」も75年以上が経過し、この間には様々な変化や衝撃的な出来事はあったものの、その後に与えた影響の大きさを考えれば、やはり現代日本の起点は敗戦にあったというのが広く共有された理解であろう。

それでは国際政治における「現代」はどうなのだろうか。冷戦期とその後の変化を考えると、第二次世界大戦後というわけにはいかないだろう。「現代の国際政治」の大掴みのイメージは、冷戦終結後＋現在の国際政治といったところになるだろうか。これが意味するのは、現在は既に「冷戦終結後」や「ポスト冷戦」と呼ばれた時代とは異なるということである。第15章でも改めて検討するが、現在は異質な国家間のグローバルな相互依存が常態化した時代と言える。それは、アメリカ一国が非常に強い影響力を持った冷戦終結後の約20年間とは異なるし、相互依存が基本的に西側陣営内に限られていた冷戦期とも異なる。異質な国家間で相互依存が常態化している点では戦間期に近い部分もあるが、相互依存がグローバルであることは戦間期とも異なる。戦間期との比較としては核兵器の存在を挙げてもいいかもしれない。そして、気候変動や持続可能な開発目標（SDGs）といったグローバル・アジェンダ（地球規模課題)、サイバー空間の登場といった新たな課題はますます重要となっている。

とはいえ、冷戦終結後から現在に至る時期のみを本書が扱うわけではない。冷戦後の国際政治に固有な問題を理解するためには冷戦期との比較が不可欠であるし、様々な制度や問題には過去の経緯や経路依存的な側面も存在する。「過去を見る眼が新しくならない限り、現代の新しさは本当に摑めないであろう」と『歴史とは何か』を訳した清水幾太郎は説いている（カー［1962］iv頁）。歴史的な視座から国際政治を読み解く第2章から第4章以外の各章も、それぞれの必要に応じて歴史的な経緯に触れているのはこのように考えるからである。

3. 国際政治の分析レベル

第一次世界大戦の衝撃を契機に発展した国際政治学は、戦争原因論を中核的な課題の一つとして発展を遂げた。ケネス・ウォルツ（Kenneth N. Waltz）が1959年に著した『人間・国家・戦争』は戦争原因論を検討した「現代の古典」とも言うべき一冊である。ウォルツはこの著書で、戦争原因論を、個人・国家・国際システムの三つのレベルに分類している（ウォルツ自身は「レベル」ではなく「イメージ」と呼んでいる）。この三つのレベルは国際政治全般の分析にも応用可能なものであろう。個人・国家・国際システムという三つの分析レベルは、日々流れるニュースでも、専門家が国際政治を分析する際にも用いられている。

ここでは2010年代末から進みつつある米中対立を例にごく簡単に説明してみよう。個人レベルの分析で一番わかりやすいのは指導者への注目である。米中対立が本格的に始まったのはトランプ（Donald Trump）米大統領の任期中であった。トランプ政権下では発足直後から貿易面に始まり、その対立する領域は拡大していった。トランプの威勢の良い、というよりは乱暴な姿勢は前任者のオバマ（Barack Obama）とは対照的であり、トランプの登場によって米中対立が始まったという見方もあるかもしれない。とはいえ、トランプは中国に対する厳しい批判の一方で、習近平国家主席との個人的な親密さを演出することもしばしばであったし、そもそも発言や態度も場当たり的な面は否めなかった。そこで注目されるのが、2018年10月に行われたペンス（Mike Pence）副大統領の対中政策に関する演説である。キリスト教保守派で生真面目な性格で知られるペンスの演説はより真剣さを持って受け止められた。首尾一貫した論旨で中国を批判したこの演説は、1970年代初頭以来続いていた、アメリカの対中関与政策の終焉を宣言したものという見方がされることもある。トランプにせよ、ペンスにせよ、以上のような見方はいずれも個人レベルに焦点を当てた分析と言える。

個人への注目ではなく、国家に注目する場合はどうだろうか。そもそもトランプ大統領の誕生自体が、アメリカの国内政治の反映である。トランプが登場した背景としてしばしば指摘されるのは、アメリカ政治の「分極化」である。民主党と共和党の二大政党やその支持者の政治的立場は隔たり、その一方でそれぞれの内部では同質化が進んだ。トランプが勝利した2016年も敗北した2020年も、一部の接戦州のごくわずかな得票率の違いが選挙結果を左右したことは変わらない。アメリカの独特な選挙制度は時間をかけて定着したものであるし、「分極化」も長期にわたって進んできた現象である。こうしたアメリカ政治の特質によって、アメリカの対外政策も変化しているという見方は、国際政治における国家レベルの分析である。

国際システムのレベルでは、中国の台頭という根本的な要因が重要だろう。かつて経済的に台頭する日本との間で激しい経済摩擦が繰り広げられた際、アメリカは理不尽と言えるほどの強硬さを見せた。日米経済摩擦と同じように、いやそれ以上に米中対立は激しく、そして対立している領域は幅広い。それは中国が経済的のみならず軍事的にも台頭しているからである。中国の台頭とは逆にアメリカの「衰退」に目を向けてもいいかもしれない。冷戦期にはアメリカとソ連の二極と言われ、冷戦後は一時期アメリカの一極支配と言われたが、現在は「無極」の時代と言われることもある。こうした国際的な力関係の変化が米中対立に影響を及ぼしているという視点は、システムレベルの分析である。

以上の簡単な説明からも分かるかもしれないが、三つの分析レベルにはそれぞれ長所と短所がある。また必ずしも相互に排他的というわけでもない。実際には多くの場合で、複数のレベルが組み合わされたり、埋め込まれたりする形で国際政治の分析は行われている。

また、上記はあくまで一例であって各レベルでそれぞれ多様な分析の視座が存在する。例えば、指導者といった個人ではなく、人間の持つ性質に着目する見方も個人レベルの分析と言える。UNESCO（国連教育科学文化機関）憲章の前文に掲げられた「戦争は人の心の中で生まれるものであるから、人の心の中に平和のとりでを築かなければならない」という一文はその典型である。国家レベルの分析にも様々なバリエーションが存在する。民主主義国同士は戦争をしないという「民主的平和論」も国家レベルに注目する議論の一つと言えよう。

いずれにしても重要なことは、ある議論に接した際、また自ら考える際に、その議論がいかなる分析レベルに立ったものかに自覚的になることである。また一つの分析レベルの検討に限定せずに、他のレベルも併せて検討することも一つのやり方だろう。

4. 国際政治の3つの位相

> 各国家は力の体系であり、利益の体系であり、そして価値の体系である。したがって、国家間の関係はこの三つのレベルの関係がからみあった複雑な関係である。国家間の平和の問題を困難なものとしているのは、それがこの三つのレベルの複合物だということなのである（高坂［2017］21頁)。

半世紀以上前に、まだ若き国際政治学徒が書いたこの一文は今でも十二分に通用するだろう。重要なポイントの一つは、国家間の関係の前に各国家が置かれることである。本章でこれまで紹介してきた通り、国際政治を考える基本は国家にある。各国家がそれぞれに「力の体系であり、利益の体系であり、そして価値の体系である」がゆえに、「国家間の関係はこの三つのレベルの関係がからみあった複雑な関係」なのである。

この高坂の議論を敷衍する形で中西寛は、主として安全保障に関わる「主権国家体制」、政治経済に関わる「国際共同体」、価値意識に関わる「世界市民主義」という三つの位相から国際政治を読み解いている。また、細谷雄一は国際社会の秩序原理を「均衡」「協調」「共同体」という三つの体系からなるものとして説明する。中西も細谷も高坂の議論と微妙な違いはあるものの、三者がいずれも国際政治に三つの位相があり、それぞれの位相を構成する要素が類似していると捉えていることに注目したい。

日本の国際政治学者も採用している３分類は、英米両国の国際政治理論の伝統にも見出し得るし、国際政治学の古典にもこれと通じる見方が示されている。ここでは英米両国を代表する初期の国際政治学者の議論を紹介しておこう。一人はイギリスの元外交官で後にロシア革命史の研究に転じたE・H・カー（E.H. Carr）である。カーは『危機の二十年』の中で国際政治における権力（power）として「軍事力」、「経済力」、そして「意見を支配する力」の三つを挙げている。もう一人はドイツからアメリカに亡命したハンス・J・モーゲンソー（Hans J.Morgenthau）である。モーゲンソーの議論はより精緻で複雑だが、現状を変更しようとする国家の政策を「軍事」、「経済」、「文化」の三つの要素に分けて分析した。

以上に紹介した様々な議論はそれぞれに微妙という以上の差異が当然

存在するし、国際政治の本質をどこに見出すかという重要なポイントで力点の違いがある。その違いは国際政治学を専門的に研究する際には無視し得るものではないが、現代の国際政治を考える上では、差し当たりその差異よりも共通する点に重点を置く方が有益だろう。それを高坂の議論に従って整理すれば、国際政治は複合的な諸要素、具体的には「力」、「利益」、「価値」の三つの位相から構成されている、ということである。

先に紹介した国際政治の三つの分析レベルも三つの位相も、各章で必ず触れているというわけではないが、現代の国際政治を学ぶ上での視座として念頭に置いておくと、国際政治を一面的ではなく多面的・総合的に捉える助けとなるだろう。

5. 本書の構成

本章を結ぶにあたって、第2章以下の構成を簡単に紹介しておこう。

まず、第2章から第4章で、国際政治の歩みを確認する。やや図式的にはなるが、第2章で「帝国主義」に彩られた第二次世界大戦までを、第3章で冷戦と脱植民地化の時代を、そして第4章で冷戦終結後の時代をそれぞれ取り上げる。その際、本書は国際政治史の教科書ではないので、それぞれの時代に特徴的なポイントや現在に与える影響が大きな要素を素描することに努めたい。

第5章から第8章までは、国際政治を考える上で鍵となる概念や仕組みを学ぶ。第5章では「相互依存とグローバル化」、第6章では「国際レジームと国際規範」をそれぞれのキーワードに、現代の国際政治を考える上での基本的な概念を押さえる。そして第7章では外交、第8章では国際協調をめぐる動きを検討する。

第９章から第14章までが各論となる。第９章と第10章で安全保障に関わる問題を、第11章から第14章ではグローバル化の様々な側面を多面的に検討していく。通商と国際金融、国際人口移動、環境とエネルギー、そして宗教をそれぞれ取り上げる。

そして最後の第15章では、「現在は異質な国家間のグローバルな相互依存が常態化した時代」という現在の国際政治について改めて検討することにしたい。

主要参考文献

E・H・カー（清水幾太郎訳）『歴史とは何か』岩波新書、1962年〔原著初版1961年〕

E・H・カー（原彬久訳）『危機の二十年――理想と現実』岩波文庫、2011年〔原著初版1939年〕

高坂正堯『国際政治――恐怖と希望〔改版〕』中公新書、2017年〔原著1966年〕

中西寛『国際政治とは何か――地球社会における人間と秩序』中公新書、2003年

細谷雄一『国際秩序――18世紀ヨーロッパから21世紀アジアへ』中公新書、2012年

ハンス・J・モーゲンソー（原彬久監訳）『国際政治――権力と平和（上）』岩波文庫、2013年〔原著初版1948年〕

2　国際政治の歩み①「帝国主義」の時代

白鳥潤一郎

現代の国際政治を考える上でも、歴史的な経緯を押さえることは欠かせない作業である。今では当たり前となっている様々な制度や慣行の多くは歴史的に形作られたものであるし、また様々な偶然も重なって今に至っている。国家間の関係それ自体は、古代から存在していたし、それは地域を問わない。しかし、現在の国際社会との繋がりの点では、西欧諸国を中心に主権国家体制が形成され、他の地域との関係が深まると共に国際社会が変容していったことが重要である。本章では、主権国家体制の形成を押さえた上で、20世紀前半の二度の世界大戦に至る「帝国主義」の時代を振り返っていくことにしよう。

1. 主権国家体制の形成

21世紀の現在、主権国家はまさに世界中を覆っている。陸上では南極、海上では公海に各国の主権は及ばないが、逆にそれ以外の地域には全て国家の主権が及んでいるとも言えるし、南極や公海に関する取り扱いも条約によって定められている。

「主権（sovereignty）」は、普段生活をしていると耳慣れない言葉かもしれない。主権者を意味する英単語 sovereign に「君主」という意味もあるように、元々はヨーロッパで発展した政治哲学上の概念であり、至高の権力を意味する。対内的に自らを超える権力を持たない「最高性」、対外的に支配や干渉を受けない「独立性」を持っていることが主権の要件と言える。そして、このような主権を持つ国家のことを「主権国家」と呼ぶ。とはいえ、歴史を振り返ってみれば、大国が中小国の意向を無視した干渉を行うことは珍しいことではなかった。それでも何の正当化もなく各国家の主権をふみにじるような行いをすれば大国も非難を浴びる。主権は、国家と同様に一種の擬制（fiction）とも言える。

このような性格ゆえに、主権についても主権国家についても様々な定義があるが、ここでは最も広く受け入れられているものの一つとして国際法上の国家について確認しておこう。しばしば引かれるのは、モンテビデオ条約における四つの要件である。すなわち、①明確な領域、②永久的住民、③政府、④他国と関係を取り結ぶ能力、の四つを満たすことで国際法上の国家として認められる。

モンテビデオ条約は1933年にアメリカ大陸の諸国家間で結ばれたものだが、主権国家も条約という形式もヨーロッパに起源があり、それが世界大に広がっていったものである。以下ではその過程をかいつまんで確認しておこう。

現在に繋がる主権国家体制やそれを支える国際法などの仕組みが、ある程度定まったのは19世紀のことである。ナポレオン戦争後のヨーロッパでは、大国間の協調と勢力均衡を基礎に平和が保たれ、各国で近代化が進んでいった。他国を圧倒するような国家は存在せず、大国間の協調が保たれたことで、水平的な関係を前提とするヨーロッパ内の国家間関係を律する近代的なヨーロッパ国際法理論も整備されていった。

この時代の変化として重要なことは大きく３点にまとめられる。第一に、近代化が急速に進んだことである。18世紀中頃にイギリスで始まった産業革命は、様々な技術革新を生み、19世紀に入ると他のヨーロッパ諸国やアメリカなどに徐々に波及していった。西洋諸国の工業生産は急拡大し、国力は増大した。そして、それに伴って都市が形成され、社会も大きく変わっていった。

第二に、国民国家（nation state）化が進んだことである。17世紀半ばのフランス王ルイ14世が言ったとされる「朕は国家なり」という言葉は人口に膾炙している。この言葉は史実ではないが、かつて王や王家が国家を所有し、国民（nation）と国家（state）が分離していた時代を象徴している。現在の常識からすればただちに理解することは難しいが、王位継承をめぐって各国家を巻き込んだ戦争が度々起こっていたのが18世紀までのヨーロッパであった。国民と国家の結び付きは、イギリスでは徐々に、そしてフランスでは革命という劇的な形で進んでいった。そしてフランス革命を機に、国民国家化が他の国々にも徐々に波及していった。なお、一般にナショナリズムは、「国家主義」や「排外主義」として理解されているが、本来は国民と国家を一致させる国民国家化を求める政治的主張を意味している。

そして第三に、ヨーロッパ諸国の世界進出が本格化し、「帝国主義」の時代が到来したことである。ヨーロッパ諸国はその軍事力を背景に、自らとの関係をヨーロッパ国際法に基づいて行うことを世界の他の地域に強要していった。大航海時代を経て南北アメリカやアフリカ大陸の沿岸部に植民地が形成されていたが、植民地化されずに伝統的な秩序を保った地域も少なくなかった。19世紀初頭のインドや中国は世界的に見ても大国であったが、産業革命を経て国力を増大させたヨーロッパ諸国が世界進出を本格化させたことで、伝統的な秩序を保つことが難しくなっていく。世界を文明・半開・未開に分けて、西洋世界が他の地域を植民地化して「文明」を広めることが使命であるといった傲慢な見方も当然視された。そして、非西洋世界との間で、領事裁判権や関税自主権の制限、外国人居留地制度などに基づく「不平等条約」が締結された。幕末の日本が結んだ日米和親条約や日米修好通商条約はその典型と言える。

19世紀末、より正確には1890年代初頭までの主権国家体制の最も大きな特徴は、その参加国が基本的にヨーロッパの大国に限られることにあった。他を圧倒する国家はなく、「光栄ある孤立」を掲げるイギリスがバランサーとして機能することで勢力均衡が保たれていた。勢力均衡を保つという基本的な目標も共有され、またそのための外交の仕組みも整備されていった。各国で近代化も進み、軍事技術の進展は見られたものの過渡期とも言い得る段階であり、戦争の勃発も直ちに破局を意味するわけでなかった。このような状況は新興国の登場や台頭によって変化をしていくことになる。

先に挙げた各国家における変化は西洋世界で生じたものだが、非西洋世界に様々な形で「輸出」された。その中で近代化・国民国家化・帝国主義の三点をセットで実践した唯一の非西洋の国が日本である。「遅れた日本と進んだ西洋」といったイメージで近代日本の歩みを捉える見方を抱く人もいるかもしれない。たしかに19世紀半ばの段階で日本の技術力や軍事力は西洋に劣っていたが、それでも明治維新（王政復古の大号令）は1868年、廃藩置県による中央集権体制の確立が1871年、明治憲法が施行されたのは1890年のことである。アメリカの南北戦争が1861年から65年、イタリアの統一が1861年、ドイツの統一は1871年といったことをふまえれば、日本で近代化や国民国家化が始まったのは決して遅いわけではなく、アメリカと共に非西欧国家では例外的に早く主権国家体制に組み込まれたとも言えるだろう。

そして、20世紀に入る頃から、アメリカや日本が新興国として国際社会で影響力を持ち始めたことで、ヨーロッパ中心の主権国家体制は変質を始めることになった。とはいえ、主権国家体制の起源はヨーロッパであり、中世以来のヨーロッパ世界の同質性や伝統が刻印されている。それは、様々な外交慣行などの形で現在まで残されている。

2. 併存する「国際秩序」と「帝国秩序」

21世紀の現在、若干の海外領土や自治領は残っているものの、基本的に植民地は姿を消し、平等を建て前とする主権国家が世界中を覆っている。そして、主権国家の多くは国民国家である。現在の国際秩序は、国民国家を中心とする国家からなる主権国家体制を基礎としている。

しかし、20世紀初頭の国際政治は水平的な「国際秩序」と、垂直的（ないしは階層的）な「帝国秩序」が併存していた。世界は、「文明国」からなり大国間の勢力均衡によって平和が維持される「国際秩序」と、「文明国」とその他の地域（植民地支配された地域や植民地化が見込まれる地域）で成り立つ「帝国秩序」が入り乱れる状況となっていく。

圧倒的な軍事力を背景に19世紀半ば、インドは植民地化され、中国は「半植民地」とも言われる状態に陥るなど、伝統的な地域秩序は脅威に晒された。そして、イタリアやドイツの統一を経てヨーロッパにおける国民国家形成も一段落したことで、帝国主義の時代が本格的に到来する。英仏両国は1880年代初頭から「アフリカ分割」を進め、最終的には英仏に加えてベルギー、ドイツ、スペイン、イタリア、ポルトガルによって、アフリカのほぼ全土が植民地化された。かつてはイギリスの植民地であったアメリカでも「西部開拓時代」は1890年に終わり、新たな「フロンティア」を外に求めて、アメリカはハワイを併合し、フィリピンを植民地化した。また日清戦争に勝利した日本も、1895年に台湾を保有して植民地帝国の一員となった。

西欧諸国間では勢力均衡が保たれ、1899年のハーグ平和会議で交戦法規に関するハーグ陸戦条約の採択、常設仲裁裁判所の設置が決まるなど、国際協調を目指す動きも見られたが、植民地や非西欧世界を舞台とした列強間の競争は様々な対立の火種となっていく。南アフリカにおけるオランダ系の先住植民者とイギリス系植民者の対立は、本国を巻き込む戦争に発展し、泥沼化した。この戦争はイギリスが「光栄ある孤立」を放棄するきっかけともなり、対象地域を限定する形ではあったが、1902年にはロシアの極東進出を念頭に置いた日英同盟が締結された。

日英同盟の力を借り、最終的にはアメリカの周旋を得て、日本はロシアとの戦争に勝利する（日露戦争)。この勝利によって日本は列強の一員として認められることになった。非西洋諸国の日本が、ヨーロッパ列強の一角を占めるロシアに勝利したことは、他の非西洋世界に刺激を与えた。そして日本は、朝鮮半島における支配的地位を確立すると共に、南樺太を保有し、さらに満洲（現在の中国東北部）で権益を獲得した。日本にとってロシアとの戦いは負担も大きく、多大な犠牲の末に獲得した満洲権益は特別視された。これは後に満洲権益をめぐる日本の非妥協的な姿勢の根本的な要因ともなった。日露戦争後、朝鮮半島への支配をさらに強めた日本は、最終的に1910年、朝鮮半島を併合した。

各地の植民地化に際して見られた帝国主義国の暴力性は際立っている。植民地化に反対する現地住民の弾圧や虐殺は決して稀なことではなく、また圧倒的な軍事力の差は現地住民の被害を増大させた。第一次世界大戦勃発直前の時点で、日本を含む列強８ヵ国が支配する面積は地球上の総面積の半分を超え、人口でも３分の１に及んだという。

3. 新興国の台頭

帝国主義に基づく植民地化が進む一方で、主権国家体制は変容しつつあった。それは新興国の登場によるところが大きい。統一後のイタリアとドイツは急速に近代化を進めると共に、植民地獲得競争にも参戦していった。とりわけ、ヨーロッパの中心部に位置するドイツは、イギリスのライバルとなり得る潜在力を持っていた。1890年代には重工業生産がイギリスを抜くなど、ドイツは国力を著しく増大させた。そして若き皇帝ヴィルヘルムⅡ世が「世界政策」を掲げ、イギリスの覇権に挑戦しようとしたことで国際政治は揺れる。20世紀に入って少しすると、ドイツは建艦競争を仕掛け、さらに中東ではイギリスの権益を脅かすようになった。

このようなドイツの姿勢は第一次世界大戦勃発の序曲とも言い得るものだが、主権国家体制の変容という点でより大きな影響を与えたのは、アメリカと日本というヨーロッパ外のアクターが本格的に台頭したことである。アメリカは依然としてヨーロッパの国際政治の枠外に自らを位置づけていたが、植民地を保有する一方で中国では「門戸開放」を宣言し、また日露戦争に際しては和平の周旋役を担うなど、徐々に国際舞台での活動を活発化させていった。アメリカの持つ巨大な経済力は、潜在的にはドイツ以上にイギリスの覇権を脅かすものであった。

ヨーロッパから見て「極東」に位置し、非キリスト教国である日本はアメリカ以上に異質であったが、西欧諸国のアジア進出が続く中で無視し得ない存在となっていった。そして、日清戦争と日露戦争という二つの戦争に勝利したことで、列強の一員として認められた。それまで公使を交換する関係だった日本とイギリスは、1905年に交換使節を大使に格上げした（日米間では翌06年に大使交換）。現在とは異なり、当時は大国間では大使を交換するものの、そうでない場合は公使が外交団の長であった。大使交換は日本の地位上昇を象徴的に示している。元々ヨーロッパ内でキリスト教や様々な伝統を共有する国家間で成り立っていた主権国家体制は、ヨーロッパ以外の非キリスト教国も含むものへと変容していくことになったのである。

ヨーロッパ諸国の勢力圏や植民地が世界中に広がり、アメリカや日本といった新興国が登場したことで、国際政治の舞台は世界大に広がろうとしていた。それは戦争に繋がる火種が世界中に存在することを意味する。そして、イギリスの「光栄ある孤立」の放棄やドイツの挑戦もあり、多極的だったヨーロッパの主要国は二つの陣営、すなわち三国同盟（ドイツ、イタリア、オーストリア＝ハンガリー）と三国協商（イギリス、フランス、ロシア）へと収斂していく。次章で見る冷戦期が示すように、二つの陣営に分かれたことは直ちに戦争に繋がるわけではないが、柔軟な外交や交渉を難しくすることは間違いない。こうしてヨーロッパは、世界大戦への道を一歩一歩進んでいくことになった。

4．第一次世界大戦

1914年６月28日、オーストリア＝ハンガリーの帝位継承予定者であったフランツ・フェルディナンド（Franz Ferdinand）大公夫妻が、サラエボでセルビア人ナショナリストによって暗殺された（サラエボ事件）。それまでも間欠泉のように生じていた危機とは異なり、この事件は最終的に世界大戦に発展することになった。

ただし、この事件後直ちに世界大戦となったわけではない。各国の中で様々な思惑や誤解が生じ、それが積み重なったことで気が付けば世界大戦へと発展したのである。７月28日にオーストリアがセルビアに宣戦布告、さらに30日にロシアが総動員令を発令、８月に入ると主要国も次々と参戦していく。遠く極東の地にある日本も８月23日にはドイツに宣戦布告をした。

各国の指導者は決して望まない戦争に巻き込まれたわけではなかった。しかし、そこで想定されていたのはあくまで「短期決戦」であって「世界大戦」ではなかった。戦争は遅くとも年内に終わるだろうと見込まれていたが、実際には４年以上にわたって続き、1500万人もの死者を出すことになった。

第一次世界大戦が「世界大戦」となった理由をここでは三つ挙げておこう。第一に、植民地獲得競争の結果として関係国の権益が文字通り世界中に広がっていたことである。こうした状況は戦線の拡大を不可避なものとした。一例として日本を見てみよう。日本はアメリカ西海岸や地中海にも艦艇を派遣したが、主たる攻撃対象はドイツがアジア太平洋地域に保有していた権益（中国山東省の租借地、南洋諸島など）であった。

第二に、大戦勃発と同時にヨーロッパ各国でナショナリズムが高揚し、排外主義的な感情が高まったことである。容易な妥協や停戦は難しく、戦線が膠着した後も戦争は続いていくことになった。

そして第三に、軍事技術の革新である。機関銃、毒ガス、さらには航空機や戦車などが利用されたことで、戦場はかつてのそれとは大きく姿を変えることになった。一つの戦場における死者数も桁違いなものとなった。

こうした理由が重なり、第一次世界大戦は短期に終わることなく国家の物的・人的資源を戦争のために総動員する「総力戦」となった。国民が動員される総力戦は民衆の支持なくして戦うことができない。限定的な形ではあったが、大戦は各国で福祉制度が整備されるきっかけともなった。逆に国民の支持を失えば国家は崩壊する。1917年2月にはロシアで「二月革命」が生じて帝政が崩壊する（その後「十月革命」を経て戦線から離脱）。大戦の最末期にはドイツでも帝政は崩壊した。

膠着した戦争の行方を変えたのはアメリカの参戦である。ヨーロッパ情勢への関与を忌避してきたアメリカだが、1917年に入ってドイツが無制限潜水艦戦（指定領域に侵入する船舶を敵国・中立国、軍艦・商船を問わずに無警告で攻撃する作戦）を開始すると、2月にドイツと断交する。そして4月に宣戦、連合国とは一定の距離を置きつつも密接に協力する形で国家の総力を挙げてヨーロッパ戦線にも参戦した。

ロシア革命とアメリカの参戦は大戦の帰趨だけでなく、その後の国際政治にも大きな影響を与えた。レーニン（Vladimir Lenin）率いるボリシェヴィキ（共産党）政権は実権を掌握すると直ちに「平和に関する布告」を発表し、無併合、無賠償、民族自決の尊重を掲げた講和を提唱し、さらに帝政ロシアが結んできた秘密条約を暴露して秘密外交の廃止を訴えた。

こうした動きを受けてウィルソン（Woodrow Wilson）米大統領は、1918年初頭、「14ヵ条」の戦後秩序構想を発表した。公開外交の促進や軍備の縮小、民族自決、世界平和のための国際組織の設立などを謳う「14ヵ条」はその後の国際政治に大きな影響を与えることになった。

戦争は1918年9月以降、終結に向けた動きが進んだ。最終的には、ドイツ革命を経て11月11日にドイツが休戦協定に調印、事実上の降伏となった。膨大な死者を出しただけでなく、ヨーロッパで三つの帝国が崩壊するなど、ヨーロッパ中心の国際秩序は終焉した。大戦後のパリ講和会議には新独立国やイギリス帝国内の自治領等を含む32ヵ国が参加したが、その際、アメリカ、イギリス、フランス、イタリア、日本が「五大国」とされた（ただし、日本とイタリアの役割は限定的であった）。また、大戦に伴う革命の結果として、ロシアでは共産党が率いる政権が誕生した（内戦を経て1922年12月にソビエト社会主義共和国連邦〔ソ連〕建国）。

第一次世界大戦は、ヨーロッパ中心の国際秩序を終焉させただけでなく、各国内にも変化をもたらした。戦争に貢献した国民が権利を求めるのは当然であろう。福祉制度の整備は先に触れたが、それに加えて参政権の拡大も生じた。また、イギリスが英連邦からも兵力を募った結果として自治権は拡大された。大戦末期に「民族自決」が謳われたことは国民国家の拡大をもたらしただけでなく、植民地に暮らす人々に影響を与え、脱植民地化に向けた第一歩ともなった。

この段階における、より大きな変化はイギリスが覇権国の地位から転落したことである。ドイツやアメリカの台頭もあって、19世紀末には既に圧倒的な力を失いつつあったとはいえ、それでも金融市場の中心であり、広大な植民地を抱えたイギリスの影響力は依然として巨大であった。しかし、大戦の結果として誰もが認める有力な指導国はイギリスからアメリカに移った。国際金融の中心もロンドンとニューヨークが並び立つようになった。パリ講和会議における最も有力な指導者はウィルソン米大統領であった（パリ講和会議については第７章も参照）。ウィルソンは、最強の戦勝国であるアメリカを代表するだけでなく、再建すべき国際秩序の原則を示していたからである。

パリ講和会議で採択されたベルサイユ条約では様々なことが決められたが、ウィルソンが最も重視していたのは、それまでの勢力均衡を基礎とする大国間協調に代わる集団安全保障体制の発足であった。集団安全保障とは、大多数の国家を含む一つの集団を形成し、その内部で相互に侵略をしないことを約束し、違反した国家には集団全体でその侵略に対峙することで国際の平和と安全を確保する仕組みである。

この集団安全保障を柱とする国際連盟は1920年１月、スイスのジュネーブに本部を置く形で発足した。しかし、国際連盟はいくつかの問題を抱えていた。第一に、集団安全保障は盛り込まれたものの、連盟理事会は紛争当事国を除く全会一致が原則であり、また制裁手段も限られていた。実際に危機が生じた際に連盟が取り得る対応には限界があったのである。第二に、連盟の提唱者であったアメリカが不参加となった。様々な限界を抱えていたとはいえ、国際紛争の平和的解決を目指す主要国が参加する国際機関設立は画期的な出来事であった。しかし、それは裏を返せば、各国の主権を制約するものとも言える。ウィルソンは議会上院を説得できず、アメリカは連盟に参加することができなかった。第三に、敗戦国のドイツと革命後のロシアも当初は不参加となった（ドイツは1926年、ソ連は1934年に加盟）。そして、そのドイツとロシアの間に中東欧の中小国が乱立したことは国際秩序の潜在的な不安定要因となった。

いくつかの問題は抱えていたとはいえ、保健衛生事業をはじめとして国際連盟では様々な国際協力が試みられ、それが現在にまで繋がっているものも少なくない。また、パリ講和会議では英仏や日本の帝国主義的な行動を抑制しきれなかったものの、アメリカはその後、軍縮や軍備管理の試みや不戦条約締結といった試みで一定の成果を得た。ヨーロッパでも1925年にロカルノ条約が締結され、英仏独伊といった国々が現状を基礎に国際秩序を維持することに合意し、さらに戦債問題の処理を通じて経済面でアメリカがヨーロッパを支える枠組みも整えられた。このように1920年代は国際秩序が相対的な安定を回復した時代であった。

しかし、1929年に世界恐慌が始まり、ブロック経済化が進み、さらにドイツやソ連が国力を回復させていくことで世界は再び不安定化していった。

5. 第二次世界大戦

アジア地域では、中国のナショナリズムが高まる中で日中間の対立が深刻化していった。そして、1931年10月には満洲事変が発生し、その対応をめぐって日本は1933年３月に国際連盟を脱退する。同年10月にはヒトラー（Adolf Hitler）率いるドイツも連盟を脱退する。一部の中南米諸国など離脱の前例はあったものの、日独は共に常任理事国だっただけに衝撃は大きかった。その後、日独は防共協定締結など連携を深めていった。この過程で軍縮や軍備管理に関する試みも形骸化が進んでいく。

ヨーロッパでは、ドイツがベルサイユ条約やロカルノ条約で禁じられた再軍備や保障占領地域への進駐を進め、イタリアはエチオピアを侵略した。日本に対するのと同様に、国際連盟はドイツやイタリアの動きに有効な対応を取ることができなかった。

1930年代後半に入り、世界は自由主義を掲げる米英仏、一党独裁や軍国主義を掲げて侵略的な動きを見せる日独伊、そして共産主義を掲げてイデオロギー面でも影響力を持つソ連に色分けされていった。日独伊が防共協定を締結する一方で、スターリン（Joseph Stalin）体制の下で重工業化を進めたソ連に対してイギリスやフランスも様々なアプローチをしていたが、事態は1939年8月に独ソ不可侵条約が締結されたことで急転する。翌月、独ソ両国のポーランド侵攻を受けて英仏がドイツに宣戦し、第二次世界大戦が始まった。第一次世界大戦開戦時と同様に、アメリカは英仏を支援する姿勢を示しつつも「中立」の立場であった。

局面が大きく動いたのは1941年である。この年、紆余曲折を経て米英ソの三大国が手を組んで枢軸国に対峙する構図が固まった。

1941年4月、日ソ中立条約が締結された。この条約を推進した松岡洋右外相は日独伊の連携にソ連を組み込むことを狙っていたが、同時期にドイツ軍は既に東方への移動を開始していた。そして6月、ドイツはソ連に侵攻し、独ソ戦が始まった。独ソ戦の開始を受けてイギリスはソ連と相互援助条約を締結し、互いに単独不講和を約束する。8月にはチャーチル（Winston Churchill）英首相とローズヴェルト（Franklin D. Roosevelt）米大統領の初の首脳会談が開催され、領土不拡大や民族自決を謳い、第一次世界大戦時のウィルソンの「14ヵ条」を継承する自由主義的かつ民主主義的な国際秩序の理念が表明された（「大西洋憲章」）。

極東では、日中戦争が泥沼化していた。1937年７月に始まった日中戦争は、開戦の経緯は偶発的だったものの、近衛文麿首相の度重なる失策もあって解決の糸口が見出せない状況に陥った。こうした中で第二次世界大戦が勃発すると、戦局が当初ドイツ優位に進んだこともあり、日本は仏領インドシナ（仏印）進駐を進める一方で、ドイツ及びイタリアとの関係強化に動いた。1940年９月に日独伊三国同盟が締結されると、アメリカは対抗措置として屑鉄の禁輸を発表した。そして41年７月、資源を求めて日本が南部仏印に進駐すると、対抗措置としてアメリカは石油禁輸を発表する。日米間では戦争を回避するための交渉も行われたが、結局、41年12月に日本はハワイの真珠湾を奇襲すると共にマレー半島を攻撃する形で対英米戦争を開始した。これに伴ってドイツが対米宣戦し、ここに第二次世界大戦は文字通りの世界大戦に発展した。

開戦約半年ほどは日本優位に進んだものの、アメリカの戦時動員も本格化し、海では1942年６月のミッドウェー海戦、陸では同年夏からのソロモン諸島ガダルカナル島における戦いを転機として、戦局は連合国軍の優位に傾いていった。1944年７月にサイパンが陥落すると、日本全土が空襲の脅威に晒されるようになった（日本本土の被害は戦争末期の約１年間に集中している）。

同時期にはヨーロッパ戦線でも連合国の優位は確かなものとなっていた。連合国は1944年８月から10月にかけてワシントンD.C.でダンバートン・オークス会議を開催し、戦後の新たな国際秩序構築に向けた検討を行った。同会議の提案は後の国連憲章の原型となった。

1945年５月、ドイツは降伏する。翌月には沖縄が陥落し、連合国はベルリン近郊のポツダムで戦後処理について話し合い、日本に降伏を迫るポツダム宣言を発表する。当初は「黙殺」したものの、８月に広島・長崎に開発されたばかりの原子爆弾が投下され、さらにソ連も対日参戦したことで日本はポツダム宣言を受諾する。ここに第二次世界大戦は終結した。日本が降伏文書に調印した翌月、連合国（United Nations）を母体とする国際連合（United Nations）が発足した。

第３章でも見るように、第二次世界大戦後も西欧諸国は植民地支配を継続しようとしたが、それも長くは続かなかった。帝国秩序は国際秩序に圧倒されようとしていた。三大国の一角を占めたイギリスも、第二次世界大戦が終わる頃には米ソ両国に圧倒された。ヨーロッパを主役とする主権国家体制は第二次世界大戦を通じて決定的に終焉した。第二次世界大戦後の国際政治は、アメリカとソ連を主軸に展開されることになった。

主要参考文献

有賀貞『国際関係史――16世紀から1945年まで』東京大学出版会、2010年

小川浩之、板橋拓己、青野利彦『国際政治史――主権国家体系のあゆみ』有斐閣、2018年

君塚直隆『近代ヨーロッパ国際政治史』有斐閣、2010年

佐々木雄太『国際政治史――世界戦争の時代から21世紀へ』名古屋大学出版会、2011年

ヘドリー・ブル（臼杵英一訳）『国際社会論――アナーキカル・ソサイエティ』岩波書店、2000年

ポール・ゴードン・ローレン、ゴードン・A・クレイグ、アレキサンダー・L・ジョージ（木村修三他訳）『軍事力と現代外交――現代における外交的課題〔原書第４版〕』有斐閣、2009年

3　国際政治の歩み②冷戦と脱植民地化

白鳥潤一郎

第二次世界大戦後の国際政治は、アメリカとソ連という二大戦勝国を中心に展開した。国際政治の中心はヨーロッパ諸国から米ソ両超大国に移ったのである。大戦末期から生じ始めた両国の対立は、程なくして冷戦に発展し、その影響は世界中に及ぶことになった。冷戦と共に第二次世界大戦後の国際政治を特徴づけたのが脱植民地化である。植民地は次々と独立し、国家の数は第二次世界大戦終結時の60ヵ国程度から現在では約200ヵ国程度に増加した。主権国家がほぼ世界中に拡大した形である。本章では、冷戦と脱植民地化を軸に第二次世界大戦後の国際政治の歩みを確認する（経済面の詳細については第５章及び第11章を参照して欲しい）。

1．冷戦の始まり

第二次世界大戦は文字通り甚大な被害をもたらした、人類史上最も破滅的な戦争であった。第一次世界大戦でも1500万人もの死者が出たが、第二次世界大戦の死者数は約6000万人であり、半数以上が非戦闘員であったことも衝撃的であった。

ヨーロッパ大陸のかなりの部分が廃墟と化しただけでなく、旧来のヨーロッパ中心の国際秩序は完全に過去のものとなった。戦時中に「三大国」の一角を占めたイギリスも、アメリカに対して巨額の債務を負い、各植民地では独立に向けた動きが進みつつあるなど、自らの復興で手一杯の恰好であった。イギリスの影響力は漸進的に低下した形であり、一定の影響力は保たれたが、第二次世界大戦後の国際政治は残る二つの戦勝国、すなわちアメリカとソ連を軸に展開していくこととなった。

アメリカは緒戦で真珠湾を奇襲されたが、その後の戦場は海外であり、民間にはほとんど犠牲が出なかった。戦争によって生産力は増大し、他国へも多額の戦債を貸し付けるなど、むしろ大戦を通じて国力をさらに大きくしていた。気が付けばアメリカは世界の超大国となっていた。ソ連は大戦によって最も大きな被害を出したが、東部戦線で勝利し、さらに対日参戦をするなど余力を残しており、アメリカに次ぐ存在となっていた。

資本主義と原理的に対立する共産主義を奉じる社会主義国・ソ連に対して、アメリカはイデオロギー的な反発を抱えていた。ロシア革命後には干渉戦争に踏み切り、ソ連の国家承認は1933年まで遅れた。さらに、スターリン（Joseph Stalin）率いるソ連は、1939年に独ソ不可侵条約を結んでポーランドと北欧を侵略した結果、国際連盟から除名処分も受けていた。ただし、この時期の米ソ両国はイデオロギーをめぐってグローバルな権力闘争を展開していたわけではなかった。その後、41年に独ソ戦が始まり、日本の真珠湾攻撃を受けてアメリカが参戦した結果として米英両国とソ連による「大同盟」が組まれたが、それは枢軸国と戦う上での便宜的な同盟であり、内部では様々な摩擦も生じていた。

第二次大戦が終わった時点で圧倒的な力を持っていたアメリカ、そしてそれに次ぐソ連という二つの国家は、「価値」に関わるイデオロギーを主権国家体制に持ち込んだ点で、それまで世界の中心にいた西欧諸国とは異質であった。萌芽は既に第一次世界大戦時に見られたが、当時はまだ西欧諸国もそれなりに影響力を保っていた。西欧諸国は勢力均衡を重視した一方で、基本的に国内の統治体制を主権国家間の問題とは考えなかった。高坂正堯は米ソ両国を「２つの異質な普遍主義」、ジョン・ルイス・ギャディス（John Lewis Gaddis）はアメリカを「自由の帝国」、ソ連を「公正の帝国」と呼んだが、アメリカとソ連は共に自らの政治理念の正統性を確信し、それを「輸出」しようとした点で西欧諸国とは異なっていた。

戦後を見据えた経済秩序をめぐる各種の国際会議に参加し、1945年10月に発足した国際連合（国連）では常任理事国の一員となったように、米英両国主導で進んだ戦後の国際秩序への参画をソ連が正面から否定していたわけではなかった。しかし、大戦末期になるとまず英ソ間で様々な対立が目立つようになり、さらに米ソ間の不信も徐々に高まっていった。

そして、米ソ両国が第二次大戦前とは異なる形で自らの安全を確保しようとしたことが対立への導火線となった。真珠湾攻撃は、太平洋と大西洋という自然の障壁だけでは自国の安全を守れないという確信をアメリカに与えた。本土の海岸線ではなく海外の基地に防御線を置き、世界一の海軍力と空軍力を保持し、原爆を独占することをアメリカは求めた。なお、アメリカの戦後秩序構想は、より全般的な国際連盟に代わる集団安全保障体制の構築（＝国連）や、開放的な国際経済秩序の形成とセットであった。

これに対してソ連の構想は伝統的なものであった。独ソ戦の経験はソ連の人々に根深い恐怖感を覚えさせた。この経験が過去に受けた様々な侵略や介入の記憶とも混ざり合い、自国の周辺に緩衝地帯を求める動きに繋がった。スターリンの病的にまで強い猜疑心に加えて、自国の安全保障に対する広く共有された懸念がソ連の行動の背景には存在したのである。

ソ連は英米両国にポーランド国境を西方に移動させることを認めさせ、

さらに自国に友好的な政権を樹立させることに徹底的にこだわった。象徴的な例はワルシャワ蜂起への対応である。ソ連は44年１月にポーランド領に進撃し、同年８月にソ連軍がワルシャワに迫ると市民が蜂起した。その際ソ連はドイツ軍による鎮圧を傍観し、蜂起を見殺しにした。蜂起した勢力がソ連と敵対するロンドンの亡命政権に近かったからである。結局ワルシャワは翌45年１月にソ連軍によって「解放」され、共産党を中心とする臨時政権が発足することになった。

大戦終結後の１年半を通じてアメリカの対ソ不信は徐々に高まっていった。アメリカが大規模な動員解除をしたのに対して、ソ連は戦力を温存し、中東欧地域の共産化を進めた。そして、ソ連が「解放」した中東欧地域だけでなく、東地中海や中東でも影響力拡大を図ったことがソ連に対する不信感を決定的なものとした。

最終的にアメリカは、1947年３月にソ連と本格的に対峙することを対外的に宣言した（トルーマン・ドクトリン）。ギリシャとトルコに対する援助を継続できなくなったイギリスに代わり、アメリカがそれを引き継ぐことになったが、その際にトルーマンは、世界を自由主義と全体主義に分けて、自由な諸国民への援助を「価値」の側面から正当化した。同年６月には、大規模な対ヨーロッパ復興支援の計画（マーシャル・プラン）も公表された。

1948年６月、米英仏がドイツの占領地域で通貨改革を断行したことをきっかけに、ソ連は西ベルリンを封鎖した（第一次ベルリン危機）。これに対して米英両国は西ベルリンに空輸で物資を補給し、封鎖は失敗に終わった。このようにベルリンを最前線に、米ソ両国の対立は予断を許さない状況に至った。同年秋には、冷戦の開始も背景の一つとして、それまでの非軍事化と民主化を基調とするものから、反共の防波堤として経済再建を目指す方向に対日占領政策は転換された。

その後、1949年10月に内戦に勝利した中国共産党が中華人民共和国の建国を宣言すると、「中国の喪失」をめぐってアメリカ国内は大いに揺れた。翌50年に入ると、共和党のマッカーシー（Joseph McCarthy）上院議員が主導する「赤狩り」が本格化していった。

2. 常態化する冷戦

こうして米ソ両国は「冷戦（the Cold War）」と呼ばれる状況に陥ったが、そもそも「冷戦」とは何を意味するのだろうか。様々な定義があるが、ここでは佐々木卓也のまとめを引いておこう。佐々木は、①米ソ両国間の権力政治と生活様式（イデオロギー）をめぐる二重の闘争であったこと、②主要当事国間での軍事紛争に発展することなく終息したこと、③ヨーロッパだけでなくアジア、中東、アフリカで展開した世界的な争いであったこと、の３点を冷戦の特異性としてまとめている。

冷戦の定義としては、「平和は不可能だが、戦争は起こりそうにない」（レイモン・アロン）や「交渉不可能性の相互認識にたった非軍事的単独行動の応酬」（永井陽之助）もしばしば引用される。1940年代末に示されたアロンの定義はかなり広く、冷戦期の米ソ間以外にも当てはまる。1970年代末に示された永井陽之助の定義は相当に限定的で、キューバ危機を経て冷戦は終結したと示唆している。いずれも冷戦の重要な側面を明らかにしているが、これらが同時代的な定義として示されたことに注意が必要である。1990年前後に終結した冷戦の全体像を知る我々は、それをふまえた定義をまず押さえておくべきだろう。

さて、第二次世界大戦の終結から10年後、1950年代半ばを迎えるころには冷戦は膠着状態に陥り、国際政治の「常態」となっていた。国際政治史家の石井修が「冷戦の55年体制」と呼んだ国際政治の常態は以下のようなものである。

第一に、「分断による安定」が特徴である。朝鮮半島、インドシナ半島、東西ドイツをはじめとするヨーロッパで分断が固定化されると、1956年のハンガリー動乱に際して不干渉政策が採られたように、米ソ両国は現状維持を基本政策とするようになった。西側陣営は49年に北大西洋条約機構（NATO）として既にまとまっていたが、55年には東側陣営もワルシャワ条約機構を設立した。

第二に、「冷戦の戦い方」が双方の当事者に明確に認識されるようになった。核軍拡競争が展開される一方で、非軍事的な政治や経済、イデオロギー、さらには文化といった側面でも競争が見られるようになった。生活のあらゆる側面にまで冷戦の影響は及んだのである。

この二つの特徴を背景として、米ソ間の「外交」は復活の兆しを見せ、さらに冷戦は地理的に拡散し、グローバル化していくことになった。

このような形で冷戦が常態化した要因を二つ指摘しておきたい。一つは核兵器である。アメリカを中心にイギリスとカナダが参加したマンハッタン計画は原子爆弾の開発に成功し、大戦末期に広島及び長崎に原爆が投下された。大戦終結時にはアメリカが原爆を独占していたが、ソ連は協力者を通じてマンハッタン計画の進捗状況や詳細を把握していた。そして、アメリカ政府の予測よりも早く1949年８月に核開発に成功する。ソ連の核開発を受けてアメリカは水素爆弾（水爆／熱核兵器）の開発に着手し、ソ連も続く。小型化も進み、数年後には爆撃機に搭載可能なサイズまで小型化されることになった。両国の核開発競争はその後も続いたが、50年代半ばまでに本格的な核時代が到来していた。この段階で「相互確証破壊（Mutually Assured Destruction: MAD）」に基づく核抑止論が定式化されたわけではなかったものの、米ソ両国が核兵器を持って対峙する状況は「力による安定」に繋がった（核抑止を含む安全保障の詳細は第9章を参照)。

米ソ両国内の政治的な変化もまた冷戦の常態化をもたらした重要な要因である。1953年には米ソ両国で指導者が交代した。アメリカでは1月、第二次大戦の英雄・アイゼンハワー（Dwight D. Eisenhower）が大統領に就任し、民主党から共和党に政権が移った。国務長官にはトルーマン政権時代から国務省顧問として超党派外交を担ったダレス（John Foster Dulles）が就任する。アイゼンハワー政権は冷戦を長期的に戦うべく、軍事費を縮減し、同盟網の拡充に努めた。また、政権交代を果たした結果、共和党指導部にとってマッカーシーの政治的な有用性は失われた。1954年12月、上院は圧倒的多数でマッカーシーの譴責決議を可決した。

より大きな変化はソ連側で生じた。3月にスターリンが死去したのである。権力闘争を経て、フルシチョフ（Nikita Khrushchev）が次代の指導者となった。前後してソ連は「平和攻勢」をかける。1953年7月には膠着状態となっていた朝鮮戦争の休戦協定が締結され、さらに米ソ会談や日本及び西ドイツとの関係正常化協議に向けたアプローチ、軍縮提案、ユーゴスラヴィアとの関係修復に乗り出した。

核時代の到来や両国内の変化もあり、1953年から55年にかけて「分断による安定」が築かれたのである。冷戦は常態化し、非軍事的な側面に競争は広がり、それがグローバルに展開されることになった。

3. 脱植民地化と冷戦の交錯

冷戦と並んで第二次世界大戦後の国際政治を特徴づけたのは脱植民地化である。1945年8月、日本はポツダム宣言を受諾する。翌9月には降伏文書に調印し、正式に第二次世界大戦は終結した。日本本土に暮らす人々にとって、敗戦は「終戦」であり、占領生活の始まりを意味した。

しかし、日本の植民地であった朝鮮半島や台湾、傀儡国家であった満洲国（現在の中国東北部）、委任統治下の南洋諸島、戦争中に軍政が敷かれた東南アジアの状況は違っていた。これらの諸地域では、日本の敗戦後、内戦や独立戦争が勃発するなど、さまざまな混乱が生じた。

米ソ間の取り決めによって分割占領され、分断が固定化されていった朝鮮半島をはじめ、「大日本帝国」の解体は、東アジア地域に多くの悲劇を産み、「戦乱のアジア」の原因となった。イギリス、フランス、オランダなどの西欧諸国は、第二次大戦終結の時点で、植民地の大半を手放すつもりはなかったからである。このような姿勢はアジアに限られたものではなかった。ここに米ソの微妙な姿勢が重なる。「民族自決」を掲げていたアメリカは西欧諸国の植民地主義を積極的に認めていたわけではなかったものの、大戦を戦う過程で妥協を重ねていった。また冷戦が本格的に始まると、冷戦の論理が優先された。他方のソ連は、多分に権力政治的な考慮と機会主義的な打算から各地の民族主義的な動きを支援した。ソ連が1930年代に見せた驚異的な発展が新興独立国のモデルとして魅力的に映ったことも、脱植民地化と冷戦が交錯した一因である。

脱植民地化と冷戦が交錯する局面はいくつもあったが、ここでは象徴的なものとして朝鮮戦争、東南アジアをめぐる問題、スエズ危機（第二次中東戦争）の三つを簡単に紹介したい。ヨーロッパでは武力衝突が慎重に回避されたが、それ以外の地域では様々な「熱戦」が生じたのも冷戦期の国際政治の特徴の一つである。

日本の植民地だった朝鮮半島は、北緯38度線を境界に北はソ連、南はアメリカによって分割占領されていた。やがて北には朝鮮民主主義人民共和国（北朝鮮）、南には大韓民国（韓国）がそれぞれ樹立された。1950年６月、北朝鮮は武力による統一を目指して北緯38度線を越えた。

朝鮮戦争の勃発である。それまでアメリカは朝鮮半島の防衛に明確にコミットしてこなかったが、朝鮮戦争勃発と共に即時の軍事介入を行った。その後中国が介入したことで朝鮮戦争は米中戦争の様相を呈した。ソ連の支援が慎重かつ限定的なものに留まったこともあり、朝鮮戦争の実態は米ソの「代理戦争」ではなく「国際化した内戦」と言うべきものだったが、アメリカの限定的な「封じ込め（containment）」政策が大規模かつ本格的なものへと転換される契機となった。

大戦中に戦場となった東南アジア地域には、戦後に旧宗主国が戻ってきたことが戦乱と混乱の種となった。旧オランダ領のインドネシアやその周辺をめぐっては、民族自決や植民地主義の清算、国家建設等の問題が複雑に絡み合っていたが、これに対してもアメリカは冷戦の論理を最優先し、米ソ対立の観点から関与した。また、インドシナ地域では冷戦の論理からアメリカはフランスを支援し、フランスが行き詰まると自らが肩代わりするようになった。前者は凄惨な9.30事件を経てインドネシアが反共国家化するまで混乱が続き、後者はベトナム戦争に至った。ベトナム戦争は、冷戦期のアメリカによる第三世界への関与として最大規模かつ長期に及び、そして失敗に終わった。

スエズ危機では、アメリカは西欧諸国と正面から対立することになった。共産圏に接近しつつ、国家建設を進めようとしていたエジプトは、1956年7月、地中海と紅海を結ぶ海運上の要衝であるスエズ運河の国有化を断行する。利権の継続を企むイギリスとフランスは、イスラエルと共謀してエジプトに侵攻する。あからさまな植民地主義的な英仏の行動に対して、アメリカは国連総会に決議案を上程し、事実上ソ連と組む形で対応した。ここでは冷戦の論理ではなく、脱植民地化の論理が優先された。スエズ危機は、英仏に代わってアメリカが中東に本格的に進出する契機ともなった。

その後も脱植民地化の動きは加速度的に進んでいった。アフリカで20ヵ国近くが独立した1960年は「アフリカの年」と呼ばれた。この時期に多くの国を惹き付けたのは、米ソの双方と距離を置く「非同盟運動」であった。一足早く1947年に独立を達成していたインドのネルー（Jawaharlal Nehru）首相の影響力と政治的なリーダーシップも大きかった。しかし、冷戦の影響は段々と新興独立国にも及ぶようになり、政治的な運動としての「非同盟」は次第に影響力を低下させていく。1964年に第１回のUNCTAD（国連貿易開発会議）が開催されるなど、「南北問題」は一定の盛り上がりを見せていくが、「南」の国々の間の対立もあって、大きな成果を生むことはなかった。

4．冷戦変容期の国際政治

1961年１月、アメリカでケネディ（John F. Kennedy）政権が発足する。43歳の若き新大統領を侮るフルシチョフの挑発的な言辞もあり、60年代初頭、米ソ関係は新たな緊張に包まれた。ここでは第二次ベルリン危機とキューバ危機という二つの危機に絞って説明しておこう。

東ドイツ内にあった西ベルリンは「西側のショーウィンドウ」として機能しており、西ベルリンを通じた人口流出は東側陣営の悩みの種となっていた。ソ連は東ドイツと共謀して1961年夏に西ベルリンを包囲する壁（ベルリンの壁）の構築を始めた。この行動をアメリカは黙認せざるを得なかったが、翌年春には核実験の再開という形で対抗した。ベルリンの壁の構築は冷戦の最前線としてのベルリン情勢の安定に繋がった面もあった。これ以降、ベルリン問題は冷戦終結期に至るまで米ソ関係の争点としては後景に退くこととなった。

翌1962年秋に起こったのがキューバ危機である。長きにわたって事実上アメリカの保護国であったキューバでは、59年に革命が生じていた。革命後のキューバがソ連に接近したことで、アメリカとキューバは緊張感を高めていた。そのキューバにソ連が極秘裏にミサイルを搬入して基地建設を進めていたことが、アメリカの偵察機によって発見されたのである。米ソ両国は核戦争の瀬戸際に追い込まれたが、辛うじて正面衝突は回避された。

核戦争の瀬戸際に立った米ソ両国は、その後、緊張緩和（デタント）に向けた取り組みを進めた。核兵器をめぐる米ソ間の協力はその象徴的なものと言える。1963年８月、米ソ及びイギリスは、部分的核実験禁止条約（PTBT）を締結し、大気圏内、宇宙空間及び水中における核実験を禁止した。既に核保有国となっていたフランスや、核開発を進めていた中国は未加盟で、さらに地下核実験は禁止されなかったが、それでも核軍備管理や核不拡散に向けた超大国間の協力の第一歩となった。68年７月には核不拡散条約（NPT）も署名開放され（70年３月発効）、その後も戦略兵器制限交渉（SALT）などが行われた。

こうして超大国間のデタントが進み始めると、緊張緩和の動きは次第にヨーロッパにも広がっていった。ブラント（Willy Brandt）政権下の西ドイツは「東方政策」を進め、東欧諸国と国交回復をすると共に1973年には東西ドイツの国連加盟も実現した。また、1975年には全欧安全保障協力会議（CSCE）が開催され、これを機に西欧諸国と東欧諸国の間の交流は増大することになった。

アジアでも大きな動きがあった。1950年代末以来の中ソ対立はいよいよ深刻化し、国境での武力衝突に至り、他方でアメリカがベトナム戦争の泥沼化に苦しむ中で米中接近が進んだのである。それは、71年７月にニクソン（Richard M. Nixon）大統領によって発表される。翌72年２月にニクソンは中国を訪問する。国交正常化は持ち越しとなったが、その後半世紀近く続いたアメリカの対中関与政策の始まりであった。アジア地域の冷戦は米中間の対立が主軸であったが、その構図は一変した（日本と中国は米中接近後の72年9月に国交正常化）。73年1月にはベトナム和平も成立し、アメリカはベトナム戦争の泥沼から抜け出した。

このように1960年代半ばから70年代前半はデタントが進んだが、それが冷戦の終結に直接結び付いたわけではなかった。デタントが崩壊した理由をここでは2点挙げておきたい。

第一に、デタント外交に対するアメリカ国内の評判は芳しいものではなかった。デタント外交を推進したニクソン大統領とキッシンジャー（Henry A. Kissinger）補佐官（1973年9月から国務長官）は、近代ヨーロッパ的な外交感覚を持つ例外的な指導者であった。彼らが進めた外交は、一方でソ連や中国に対して「宥和的」と批判され、他方で人権や民主主義といったアメリカの理念を軽視する「不道徳」なものと批判された。70年代半ばを迎える頃までにデタントに対するアメリカ国内の支持は失われていた。ウォーターゲート事件の発覚によってニクソンの指導力が低下したことも痛手であった。74年8月のニクソン辞任後、大統領に昇格したフォード（Gerald R. Ford）は、予備選で反デタントを唱える右派のレーガン（Ronald Reagan）を辛うじて退けたが、本選挙では「人権外交」を掲げるカーター（Jimmy Carter）に敗北した。カーターが推進した人権外交は失敗に終わったが、「価値」をめぐる問題が再び国際政治の課題となる契機となった。

第二に、ソ連は軍備管理やヨーロッパでのデタントには応じたものの、第三世界はその対象外と捉えていた。石油危機の発生による原油価格上昇によって経済的にも一息つき、核戦力でアメリカに並んだソ連は、北ベトナムによる武力統一を支援し、さらにキューバに押し切られる形ではあったもののアンゴラ内戦に介入した。インドシナ全域は共産化し、アンゴラには左翼政権が成立した。ソ連はその後もエチオピアや南イエメンなど第三世界への軍事介入を進めていった。1979年12月、ソ連のアフガニスタン侵攻によってデタントは決定的に崩壊し、「新冷戦」と呼ばれた時代が始まることになった。

冷戦変容期の経済面についても簡単に触れておこう。1970年代に国際政治上の争点に浮上したのは西側陣営内の国際経済をめぐる問題であった。71年のドル・ショックは最終的に主要国の変動相場制移行に繋がり、また二度の石油危機は各国に不況をもたらしただけでなく国際収支構造を大きく変え、金融面におけるグローバル化の端緒ともなった。

これらの危機に対応する過程で、英米主導で形成されアメリカが維持してきた国際経済秩序は、先進国間協調体制に組み替えられた。75年にフランスのランブイエで開催された６カ国の首脳会合はその象徴的な舞台となった。翌76年の第２回からはカナダが加わることでＧ７となった「サミット」は年１回の首脳会合開催が定例化していった。

なお、第一次石油危機の背景の一つは、産油国の間で「自国の資源は自国のものである」という「資源ナショナリズム」が高まったことである。石油危機後には、国連の特別総会で「新国際経済秩序（NIEO）」宣言が採択され、さらにフランスの主導で南北問題を議論する国際会議（CIEC）も開催されたが、いずれも大きな成果には繋がらなかった。石油危機で最も大きな被害を受けたのは非産油途上国であったが、産油国は自国の経済的利益を優先し、さらに経済成長の軌道に乗りつつあった国々が南北問題にコミットしなかったことで「第三世界」は分裂していた。

5. 冷戦の終結

冷戦はいつ終わったのだろうか。一般には、ベルリンの壁崩壊、米ソ両首脳が冷戦の終結を謳ったマルタ会談や、ソ連崩壊が挙げられることが多いように思う。専門家の意見も様々だが、あえてその瞬間を一つ挙げるとすれば、1990年10月の東西ドイツの「再統一」になるだろうか。ベルリン問題は冷戦が始まった頃から最も重視されており、米ソ対立の最大の焦点だったからである。統一後のドイツは引き続きNATOに加盟することになった。アメリカが長年にわたって求めてきた東欧の民主化・自由化を容認し、さらに冷戦の中核的な争点であったドイツをめぐって、NATOに帰属する統一ドイツをソ連が認めた時点で、米ソ間の対立には終止符が打たれたと言ってよい。

確かにドイツ再統一は冷戦後の国際政治を考える上でも重要な局面だが、ここでは、冷戦終結をある程度幅を持った一連の時期に生じた出来事として捉える見方を提示したい。冷戦の終わりの始まりは、1985年にゴルバチョフ（Mikhail Gorbachev）がソ連共産党書記長に就任したことに求められよう。

ソ連は経済的に行き詰まりを見せており、自由主義に対抗するイデオロギーとしての社会主義の魅力は、少なくとも経済面では1970年代に入る頃に既に失われていた。社会主義圏でも中国は70年代末から「改革開放」を掲げて、経済の自由化を漸進的に進めていた。さらに、急速に発展が始まったコンピュータの利用など技術面でもソ連は競争力を失っていた。また、1970年代半ば以降、活発化した東西ヨーロッパ間の経済的・人的交流の拡充は東欧諸国を変えつつあった。軍事的にアメリカに対抗し続けることはソ連にとって重荷となっており、ゴルバチョフがいなくとも、遅かれ早かれ冷戦は終結したと見ることも可能である。しかしながら、冷戦終結に向けた実際の動きや終わり方、そしてタイミングについては、ゴルバチョフは決定的な影響を与えたと言える。

ゴルバチョフが書記長に就任した当時、世界は「新冷戦」と呼ばれる状況にあった。第三世界を主な舞台に、米ソ両国の対立は激しさを増していた。NATO の軍事演習をアメリカの予防攻撃の準備とソ連が受け止める局面もあった。また、軍部を中心に「1985年危機説」が囁かれるなど、ソ連の脅威は依然として真剣に受け止められ、レーガン政権の下でアメリカは軍事予算を増大させていった。

西側で軍事的な脅威が喧伝されていたものの、1980年代前半のソ連は芳しい状況ではなかった。二度の石油危機で上がった原油価格が下落に転じたことで経済的な停滞が進む一方で、アフガンへの介入は泥沼化の一途を辿り軍事的な負担は大きくなっていた。また指導者層の高齢化が進み、ブレジネフが死去した後は高齢の新指導者が毎年亡くなる状況であった。このような中で54歳のゴルバチョフが書記長に就任したのである。ゴルバチョフは停滞を打破すべく「ペレストロイカ（改革）」を掲げ、さらに「グラスノスチ（情報公開）」を進め、さらに西側との関係改善に向けた「新思考外交」を展開した。

数年間をかけて米ソ両国は段々と歩み寄りを見せつつ、歴史は動いていった。当初はゴルバチョフに懐疑的だったアメリカの指導者も徐々に信頼を寄せるようになり、1987年12月には、INF 条約（中距離核戦力全廃条約）調印に至った。「新思考外交」は継続され、翌88年４月にはソ連軍のアフガニスタンからの撤退が決まった（89年２月に完全撤退）。

そして、89年夏からの東欧革命を皮切りに冷戦終結に向けたプロセスが劇的に始まった。同年11月にはベルリンの壁が崩壊、翌月には米ソ首脳会談で冷戦の終結が宣言された。そして、翌90年10月には西ドイツが東ドイツを吸収する形で「再統一」し、最終的に91年12月にソ連は崩壊した。この一連の出来事はいずれも５年から10年に１度といっていいような大変動である。さらに東欧革命の少し前には中国で天安門事件が、また91年には湾岸戦争も生じた。世界は気が付けば、予想もしない形で冷戦後を迎えることになったのである。

第一次世界大戦によってヨーロッパでは三つの帝国が消滅したが、冷戦終結期にはソ連とユーゴスラビアという二つの旧社会主義国が解体した。アメリカと対峙することで生まれていた政府の求心力が急速に失われたことが解体の一因である。ソ連解体の結果として冷戦が終結したのではなく、冷戦が終結した結果としてソ連が解体したと理解すればいいだろうか。

ソ連の後継国家はロシアとなった。膨大な核戦力は温存されていたものの、約３割の国土と約半数の人口を失った。そして原油価格の低迷が続き、市場経済への移行も上手く進まない中でロシアの国力は大きく低下していった。アメリカに並び立つ超大国は姿を消したのである。

冷戦の終結は直ちに新しい秩序を示すものではなかった。冷戦終結に向けた動きが始まった当初、二極対立が終わっても二極構造は続くと考えられたが、現実にはソ連は崩壊し、アメリカは「冷戦の勝者」として記憶されることになった。冷戦後の国際政治について、章を改めて検討することにしよう。

主要参考文献

G・ジョン・アイケンベリー（鈴木康雄訳）『アフター・ヴィクトリー――戦後構築の論理と行動』NTT 出版、2004年

石井修『国際政治史としての二〇世紀』有信堂高文社、2000年

O・A・ウェスタッド（益田実監訳）『冷戦――ワールド・ヒストリー』上下巻　岩波書店、2020年

高坂正堯『現代の国際政治』講談社学術文庫、1989年
ジョン・ルイス・ギャディス（赤木完爾、齊藤祐介訳）『歴史としての冷戦――力と平和の追求』慶應義塾大学出版会、2004年
佐々木卓也『冷戦――アメリカの民主主義的生活様式を守る戦い』有斐閣、2011年
アーチー・ブラウン（小泉直美、角田安正訳）『ゴルバチョフ・ファクター』藤原書店、2008年
ロバート・マクマン（青野利彦監訳）『冷戦史』勁草書房、2018年
宮城大蔵『増補 海洋国家日本の戦後史――アジア変貌の軌跡を読み解く』ちくま学芸文庫、2017年
ウォルター・ラフィーバー（伊藤裕子、平田雅己監訳）『アメリカVSロシア――冷戦時代とその遺産』芦書房、2012年

4　国際政治の歩み③冷戦後の変容

白鳥潤一郎

冷戦後の国際政治を「歴史」として捉えることに違和感を覚える読者もいるかもしれない。しかし、近年刊行された「国際関係史」の通史でも冷戦後に相応の分量を割くのが通例となっている。国際政治が冷戦後に変化し、冷戦後の展開を見なければ国際政治の歴史を理解できないという認識がある程度共有されているのだろう。

「冷戦後」や「ポスト冷戦期」といった呼称が使われることからも分かるように、この時代は確かな自画像を得ることなく模索が続けられ、気が付けば終焉していた。「1つ前の時代」という意味では冷戦後は最早歴史である。本章では、湾岸危機の勃発から2010年前後までの約20年間を対象に、冷戦後の国際政治の変容を検討していく。

1. 転機としての湾岸戦争

1990年8月2日、中東でフセイン（Saddam Hussein）率いるイラクが隣国のクウェートを侵攻した。湾岸危機の勃発である。歴史的にイラクはクウェートの領有権を主張し、湾岸危機の直前にも石油政策をめぐる対立はあったものの、武力による併合は明らかな国際法違反であり、国際社会に衝撃を与えた。

イラクをめぐる主要国の利害は一致していたわけではなかった。ソ連やフランスはフセイン政権と緊密な関係にあり、天安門事件後の中国もイラクへの介入には消極的であった。しかし、結果として国際社会は、団結する形でこの危機に対応することとなった。アメリカはサウジアラビアに大量の兵力を移動させ、さらにアラブ諸国の多くやヨーロッパ、アジア太平洋の各国からなる多国籍軍の組織化に力を注いだ。1990年11月には、イラクに即時無条件の撤退を求め、翌91年１月15日を期限として、それに応じない場合は武力行使を容認する国連安保理決議678が採択された。湾岸戦争は91年１月17日から始まり、実際の戦闘は約６週間で終了した。

冷戦終結期に生じた湾岸戦争は、様々な形で冷戦後の世界に影響を与えた。

第一に、国連への期待を高めた。安保理の常任理事国に拒否権を認める国連は、冷戦時代には期待された役割を果たすことができなかった。湾岸危機に際しては、武力行使を容認する決議にソ連は賛成し、中国は棄権を選んだ。冷戦期に機能しなかった国連の集団安全保障面での役割が発揮された形である。その後、1991年10月から先遣隊の活動をスタートさせたカンボジアでの大規模な国連平和維持活動（PKO）が大きな成果を上げたことも、国連への期待をさらに高めた。

第二に、アメリカに「冷戦の勝者」としての自信をもたらした一方で、フセイン政権が温存されたことは国内の一部に不満をもたらした。冷戦終結は米ソ協調の進展という形で進んでいったが、実態としてはソ連が譲歩を重ねる格好であった。湾岸戦争が終結する頃にはゴルバチョフ（Mikhail Gorbachev）の求心力も低下しており、「８月クーデター」と呼ばれる保守派のクーデター失敗を経て、ソ連は1991年末の解体に向けて進んだ。湾岸戦争はブッシュ（George H. W. Bush）政権の抑制的な姿勢もあって、フセイン政権は打倒されることなく終結した。イラク国内では間もなくフセインが求心力を回復させ、休戦協定に度々違反するなど、紛争の火種が残された。

第三に、世界の混乱に繋がる複数の火種が撒かれるきっかけとなった。イスラムの聖地を複数抱えるサウジアラビアへの米軍駐留が常態化したことは、アラブ世界の一部に強い反発を呼び、テロ活動を活発化させることに繋がった。また、湾岸戦争で米軍が見せた精密誘導兵器を用いた軍事作戦は、世界の軍事関係者にも衝撃を与え、中国が人民解放軍の近代化に着手する契機ともなった。

2. 地域主義と地域紛争

経済面に注目すれば、冷戦の終結は、市場経済の地理的な拡大を意味した。「改革開放」を進める中国や、「ドイモイ」を掲げたベトナムなど先行する地域も存在したが、旧ソ連圏を中心に市場経済への移行が急速に進んだことはグローバル化の進展を印象付けるものであった。旧ソ連の解体に伴って多数の新独立国が生まれた他、旧ソ連圏の東欧諸国も真の意味での独立をようやく手にした。

冷戦後には、「地域」が国際政治の新たな焦点として浮上した。

明るい側面にまず着目すれば、地域主義の進展が挙げられよう。詳細は第8章で改めて紹介するが、地域主義の取り組みは冷戦後を通じて全世界的な広がりを見せるようになった。EC（欧州共同体）はより統合を深化させたEU（欧州連合）に改組され、加盟国数も徐々に拡大していった。EU発足時に12ヵ国だった加盟国数は、2013年に28ヵ国にまで増加した。拡大の過程では、中東欧諸国の市場経済移行を支援する目的で1991年に設立した欧州復興開発銀行（EBRD）をはじめ、様々な枠組みを通じた取り組みも行われた。

超国家的な要素を多分に含んだ「地域統合」を進めるヨーロッパは例外だが、その他の地域でも様々な地域主義の取り組みが進んだ。自由貿易協定の数は年々増加していったし、東南アジア諸国連合（ASEAN）をはじめとして様々な地域機構の活動も活発となった。1997年から98年にかけてのアジア通貨危機は各国に深刻な不況や構造調整をもたらしたが、通貨スワップ網の構築など新たな地域協力の端緒ともなった。制度化の度合いは地域によってそれぞれだが、グローバル化が進む中で、地域としてまとまることによって競争力を維持しようという各国の考えが、いずれの取り組みの背景にも存在していた。

他方で、暗い影を落としたのが頻発する地域紛争である。地域紛争や内戦そのものが冷戦期に比べて増加したというわけではない。しかし、冷戦後の新たな国際秩序が見えない中で各地域に存在していた様々な矛盾が噴き出す形となり、様々な悲劇や危機を生むことになった。また、一時的に高まった国連への期待が失われたこともその後の国際政治に大きな影響を与えた。その全てを見る紙幅はないので、ここではソ連とユーゴスラビアの解体、ソマリアとルワンダ、そして北朝鮮をめぐる問題に絞って簡単に紹介する。

冷戦終結の前後、ヨーロッパではソ連とユーゴスラビア、そしてチェコスロバキアという３つの連邦国家が解体した。チェコスロバキアは大きな問題とはならなかったが、ソ連の解体は１つの超大国の消失を意味し、様々な火種を残すことにもなった。ロシア国内ではチェチェン紛争が1994年から始まり、さらに旧ソ連から独立した国々との間にも一筋縄ではいかない民族問題が残された。南オセチアをめぐる問題は、2008年にロシアとジョージア間の戦争にまで発展した。

深刻な事態を招いたのはユーゴスラビアの解体である。ユーゴスラビアは多様性を特徴とする連邦制国家であったが、1980年代以降、各民族のナショナリズムが高まり、冷戦終結後に解体に向かった。各国の思惑や複雑な民族対立が交錯し「ヨーロッパの火薬庫」とも言われたバルカン半島に位置するユーゴスラビアの崩壊は、まさに悲劇的な経過を辿った。スロベニアについては比較的短期間で収束したが、クロアチアの独立をめぐる内戦は長期化し、ボスニア・ヘルツェゴビナをめぐる内戦は国際化し、虐殺事件など人道上の悲劇も相次いだ。

アフリカでも悲劇は続いた。第二次世界大戦後に脱植民地化が続いたアフリカでは、サハラ砂漠以南（サブサハラ）を中心に、独立後に政治がなかなか安定しない状況が続いた。

冷戦終結期に発生した最初の危機はソマリア内戦である。1969年の軍事クーデター以来長く続いた独裁政権が91年１月に崩壊し、氏族に基盤を持つ武装勢力が相争う内戦が生じた。国連のPKOや米軍主導の統合機動軍も展開されたが、ソマリア国内の反発を招いた。PKO部隊と現地勢力の対立が続く中で米兵18名が犠牲者となり、さらに２名の米兵の遺体が引きずり回される光景が映像として映し出されたことで、アメリカ国内では軍事介入への批判が高まった。結局アメリカは94年３月に撤退する。

ソマリアや旧ユーゴをめぐる状況が緊迫化する中で悲劇が生じたのがルワンダである。アフリカ中部に位置する小国のルワンダは、ベルギーによる植民地統治の過程で民族的な区分が明確化され、独立後に対立が深まっていた。1990年１月に生じた内戦の停戦後、停戦監視を主な任務とするPKOが派遣されたが、安定とは程遠い状況が続いた。ルワンダの大統領が暗殺され、PKOに参加するベルギー兵10名が殺害される事態となり、PKOは大幅に縮小された。このような状況下で、わずか３ヵ月ほどの間に全国民の10%から20%の死者が出たと推計される大虐殺が生じた。

かつて西欧諸国の植民地獲得競争、次いで冷戦に翻弄されたアフリカは、冷戦後も国際情勢に振り回されたと言えるだろうか。ソマリアの

「破綻国家」というよりも「無政府状態」に近い状況はその後も変わらず、海賊問題や密輸等の国際犯罪の温床となる状況が長く続くことになったが、海賊問題については国際的な海賊対処行動が功を奏して2010年代半ば以降は落ち着いている。ルワンダはその後治安が安定し、「アフリカの奇跡」とも呼ばれる急速な経済成長を記録するようになった。

冷戦終結期にカンボジア和平も達成され、経済成長に湧いたアジアにあって例外とも言えるのが北朝鮮である。冷戦終結期を通じて北朝鮮は孤立感を深め、それが核兵器及びミサイル開発に繋がった。ソ連の「新思考外交」はアジアにも及び、天安門事件直前にはゴルバチョフが中国を訪問し、長く続いた中ソ対立も終わろうとしていた。この時期に積極的な外交を展開したのが韓国である。韓国はソ連と1990年9月に、中国と1992年8月に国交を結んだ。北朝鮮も日本との関係改善に動いたが失敗に終わっている。冷戦期の体制間競争の延長に展開された韓国の「北方外交」は、国連への南北同時加盟を除いて、北朝鮮が孤立する方向に作用した。ソ連からの支援も打ち切られる中で北朝鮮は体制維持を目的に核開発に走った。状況は一進一退が続いたが、2006年には核開発に至り、その後も核実験とミサイル実験は繰り返されている。

湾岸戦争やカンボジアPKOを経て期待を高めていた国連だが、一連の地域紛争や危機に効果的に対応することはできなかった。旧ユーゴの内戦では、限られた人数かつ軽武装のPKOは無力であり、北大西洋条約機構（NATO）の軍事介入を経て状況はようやく改善に向かった。ルワンダとソマリアでは、現地の一部勢力に敵視される形となり、PKOに参加していた各国軍に犠牲者が相次ぐ事態となった。

冷戦期の国連安保理は、米ソ両超大国の対立もあって「平和に対する脅威」の認定には慎重であった。例外的に、人種差別政策をとった南ローデシア（現・ジンバブエ）と南アフリカは「平和に対する脅威」と認定されたが、ベトナム戦争やソ連のアフガニスタン侵攻など大規模かつ長期化した紛争も脅威とは認められなかった。

これに対して冷戦後の安保理は、大量破壊兵器の拡散やテロリズム、国際人道法違反といった問題にまで脅威認定の範囲を拡大した。ブトロス・ガリ（Boutros Boutros-Ghali）国連事務総長は、1992年に『平和への課題』を発表し、民主主義や予防外交の促進と共に、PKOの役割を拡大することを訴えた。従来の停戦監視等を中心とした平和維持に加えて、平和創造や平和構築も含む意欲的な指針であったが、ソマリアやルワンダ、そして旧ユーゴでの活動の失敗によって後退を余儀なくされた（1995年に『平和への課題・追補』を発表）。

1990年代に相次いだ地域紛争と、その際のPKOの失敗やNATOなどによる介入は、「保護する責任（R２P）」や「移行期正義」など従来の主権国家体制を問い直す議論に繋がった。ただし、結果としては従来の体制を根底から変えるには至らなかった。国連での議論を経て、「保護する責任」の対象はジェノサイド、戦争犯罪、民族浄化、人道に対する罪に限定され、武力行使には安保理の容認が前提であることが確認されている。「移行期正義」については、旧ユーゴとルワンダに関する臨時の裁判所設置を経て、2003年に常設の国際刑事裁判所（ICC）が設置されたが、アメリカ、ロシア、中国、インドといった国々は参加していない。また、多くの場合にかつて植民地支配を受けた側の国民が訴追対象となる状況もあり、アフリカ連合（AU）はICCに批判的な立場を取っている。

3.「対テロ戦争」の時代

戦争と同様にテロリズムという暴力もまた国際政治を動かしてきた。

1970年代には新左翼や過激なアラブ主義者によるテロ事件が相次ぎ、ハイジャックに関してG7サミットで声明が出されるなど、国際的にも一定の注目を集めていた。

冷戦終結後、徐々に目立つようになったのが宗教を背景とした大規模なテロリズムである。サウジアラビアへの米軍駐留への反発等を背景に、ニューヨークの世界貿易センタービルやアフリカのアメリカ大使館など象徴的な施設の爆破事件が相次いだ。日本で発生したオウム真理教による一連のサリン事件は国際的にも注目を集めた。テロに対する危機感は各国政府内でも高まりつつあり、テロリストが拠点としたスーダンやアフガニスタンへの巡航ミサイルによる攻撃がクリントン（Bill Clinton）政権の時代に実施されていたが、この問題を国際政治上の最重要課題に一挙に引き上げたのは、アメリカにおける同時多発テロ（9.11テロ）発生とその後の対応である。

2001年9月11日、旅客機4機がハイジャックされ、世界貿易センタービルに2機、米国防総省に1機が突入した（残り1機はワシントンD.C.に向けて飛行中に墜落）。世界貿易センタービルへの2機目の突入は、緊急中継の最中の出来事で世界中に衝撃を与えた。日本時間ではちょうど夜のニュース番組の時間帯であり、生中継を観ていたという人も少なくなかった。ハイジャックされた旅客機が「武器」として用いられ、さらにアメリカの経済的繁栄と軍事力の象徴とも言える施設が破壊されたのである。死者は3000人近くに及び、25000人以上が負傷した（日本人の死者も24名を数えた）。

真珠湾攻撃以来の米領土への大規模な攻撃は、アメリカを「対テロ戦争」に駆り立てた。本来、テロ対策は軍事的なものというよりは警察的なものである。実際、2001年10月に成立したアメリカの「愛国者法」はテロ対策に関連する警察権限を大幅に強めるものであったし、大量破壊兵器拡散に関する協力では「拡散に対する安全保障構想（PSI）」のような法執行機関の国家間協力を含むものが有効と見られている。しかしながら、ブッシュ（George W. Bush）米大統領は9.11テロを単なる「テロ」ではなく「戦争」とみなし、警察的な活動に留まらない大規模な「対テロ戦争」が展開されることになったのである。

一般に「対テロ戦争」として認識されているのはアフガニスタン及びイラクへの侵攻である。この２つの戦争には共通する面とそうでない面が存在する。共通するのは、アメリカの強いイニシアティブによって「有志連合」による攻撃が開始され、短期間で初期の戦闘は終わったもののその後は泥沼化が続いたことである。

大統領就任以前の外交経験も豊富で湾岸戦争を限定的な介入に留めた父親とは異なり、息子のブッシュは大量破壊兵器の拡散といった問題には先制攻撃も辞さない姿勢を示すなど介入主義的であった。また、9.11テロ後にはNATOのヨーロッパ側加盟国は結成後初めて集団的自衛権を行使する形での軍事支援を申し出たが、アメリカは効率性を重視して高い軍事能力を持つイギリスのみとの連携に留めてアフガニスタンへの攻撃を開始した。

アフガニスタンでもイラクでも初期の戦闘は短期間で終了したものの、その後に安定的な秩序を築くことが出来なかった。アフガニスタンへの派遣部隊はオバマ（Barack Obama）政権時代になって大規模な増派が行われたが、治安状況は一進一退が続いたため米軍撤退は度々先送りされ、アメリカにとって「史上最長の戦争」となった。イラクの場合も戦闘終結宣言から完全撤退までに長期間を要し、2011年12月の米軍撤退までの犠牲者も多数に及んだ。その後もイラクの混乱は続き、2010年代半ばには「イスラム国（IS）」が猛威を振るう事態となった。

アフガニスタンとイラクで大きく異なるのは、国際社会の姿勢である。

ブッシュ政権の単独行動主義的な姿勢にもかかわらず、9.11テロの直後、各国家はアメリカへの協力姿勢でほぼ一致していた。テロを非難する安保理決議が武力行使まで容認しているか、「自衛権」を根拠とするアメリカの姿勢が国際法上正当化できるのかといった議論はあったものの、アメリカの行動を正面から批判する国家はほぼなかった。ロシアや中国も国内にテロ問題を抱えており、アメリカの行動に基本的に協力姿勢を示した。その当否は別として、アフガニスタン戦争は国際社会に支持された戦争であり、初期の戦闘終了後に治安維持等を担った国際治安支援部隊（ISAF）にはNATO加盟国を中心に多数の国が参加するなど、国際社会を挙げて協力する形であった。

これに対してイラク戦争は、開戦前の段階から国際社会が大きく割れていた。そもそも9.11テロとイラクの関係は不明確であり、イラクへの侵攻は、「自由」や「民主主義」といった価値を広めるために軍事力の行使も辞さない姿勢を示す「ネオコン」がアメリカ政府内で影響力を増す中で浮上したものである。フセイン政権は湾岸戦争の停戦条件を度々破り、生物化学兵器を保有すると共に核開発をしているのではないかという疑惑も繰り返し浮上していたが、決定的な証拠があったわけではなく、主要国の利害も錯綜していた。

対立の焦点となったのはヨーロッパである。ブレア（Tony Blair）率いるイギリスは水面下で侵攻の根拠となる安保理決議採択を働きかけつつ、アメリカとの協力姿勢を貫いた。これに対してフランスとドイツは明確にアメリカと距離を置いた。安保理決議はフランスがロシアと共に反対姿勢を鮮明にしたことで通過の見込みが失われた。また、ロシアの脅威からアメリカに接近する中東欧諸国はアメリカ支持を打ち出していた。結局アメリカは明確な根拠となる安保理決議無しにイラクに侵攻した。

21世紀初頭のアメリカは、「一極支配」とまで言われ、単独行動主義的なブッシュ政権の姿勢も相まって「帝国」になぞらえる見方も人口に膾炙した。しかし、「対テロ戦争」が泥沼化する中で、国際場裏での指導力は失われていった。冷戦期にアメリカはベトナムで、ソ連はアフガニスタンでそれぞれ足元を救われたが、冷戦後のアメリカは、アフガニスタンとイラクを抱え込んでしまったのである。

そして、追い打ちをかけるように発生したのが世界金融危機である。アメリカにおける住宅バブル崩壊に端を発する危機は、大手投資銀行リーマン・ブラザーズの破綻に繋がり、瞬く間に世界的な金融危機に発展した。中国はこの危機を比較的少ないダメージで乗り切り、新興国としての台頭を確実なものとした。アメリカ発の危機に世界が翻弄され、「対テロ戦争」の終わりも見えない中で2000年代は終わろうとしていた。

4. 新興国の台頭とグローバル・ガバナンスの限界

国力の盛衰による権力移行は、国際政治の行方に大きな影響を与えてきた。様々な要素が複雑に絡み合う国力の測定は容易ではないが、GDP（国内総生産）は１つの指標になる。第二次世界大戦後の約半世紀にわたって、Ｇ７サミット（先進国首脳会議／主要国首脳会議）を構成する７ヵ国――アメリカ、日本、ドイツ（1990年までは西ドイツ）、イギリス、フランス、イタリア、カナダ――のGDPは、世界全体の概ね３分の２程度を占め続けた。

Ｇ７の内部では様々な変化が生じ、それが摩擦や軋轢にも繋がった。当初は圧倒的だったアメリカだが、1970年代以降、アメリカの覇権が終焉したという見方が広がったように、日本や西欧諸国の経済復興と経済成長が進んだことで、その地位は脅かされた。Ｇ７サミット発足の背景となったのは、このような変化である。アメリカ一国で国際経済秩序を維持することができない中で、アメリカを「同輩中の首席」としつつ、西側の主要国が開放的な国際経済秩序の維持を図ったのである。G７サミットはその象徴的な舞台となった。

1970年代から80年代にかけて警戒の目を向けられたのは日本だった。二度の石油危機を他国よりも早い段階で克服し、集中豪雨的に輸出を行う日本は各国との間で貿易摩擦を引き起こし、それは経済摩擦に繋がった。時に文化摩擦とも言われたように、非欧米諸国である日本は一部から異質な現状打破勢力になり得ると見られていた。各国との経済摩擦は深刻だったものの、実際のところ日本は経済資源を軍事力等に転化することには慎重であり、自らが現状打破勢力ではないことを繰り返し示すという対応であった。アメリカ主導の国際経済秩序は、先進国間協調体制に再編成され、日本もそこに自らの居場所を見出した格好と言えようか。G７を中心とした世界経済運営は、20世紀末まで続くことになった。

このような状況を変えたのは、新興国の台頭である。その道のりは平坦なものではなかったが、1970年代末頃から加速したグローバル化は、グローバル・サプライチェーンの構築に繋がり、アジア諸国は経済成長の波に乗った。タイの通貨バーツの暴落に端を発するアジア金融危機は、その他の新興国の通貨不安にも繋がったが、IMF（国際通貨基金）の融資や地域的な協力を経て、再び経済成長に向けて動き出した。

21世紀に入ると、新興国の成長はより本格化していった。2001年の世界貿易機関（WTO）加盟によって、中国はグローバル・サプライチェーンとの繋がりも深まり、「世界の工場」として急成長を遂げた。中国ほどのスピードではないものの、経済成長を続けるインドも存在感を高めている。さらに2000年代初頭まで低迷を続けたロシアも、原油価格上昇の恩恵もあって国際的な影響力を再拡大させるようになった。原油などの各種資源価格の高騰が続いたことで、アフリカ諸国にも成長の波は及んでいった。計算方法によって数字は微妙に異なるが、2020年の段階でＧ７諸国のGDPのシェアは往時の３分の２程度にまで低下している。

21世紀に入ってから台頭した新興国――特に中国とインド――は、従来の新興国とは異なるいくつかの特徴を持っている。

第一に、冷戦下で台頭した西ドイツや日本はアメリカの同盟国でもあり、「ジュニア・パートナー」としての姿勢を崩さなかったが、中国やインドはアメリカの同盟国ではなく自立志向も強い核保有国でもある。インドの強硬姿勢はWTOドーハ・ラウンド交渉行き詰まりの原因であったし、ASEANに６ヵ国（日本、中国、韓国、インド、オーストラリア、ニュージーランド）が加わる形のRCEP（地域的な包括的経済連携協定）交渉でも最終段階で離脱してしまった。国際秩序の維持や国際協調よりも自国の利益と自立性の維持を優先する姿勢は顕著である。中国は、覇権への野心を隠さない一方で、国際機関での主要ポスト獲得を図るなどインドとは異なる形で影響力拡大を図っている。そして、軍事力の利用も辞さない強硬姿勢で周辺国との間で緊張を高めている。

第二に、人口が極めて多いために国家単位での経済力は巨大ながら、一人当たりGDPの水準ではまだ先進国の水準には達していない。今世紀に入ってから台頭した新興国は同時に発展途上国でもあり、通商問題や気候変動問題などでは先進国と発展途上国の間の対立という問題も絡んでくる。「南」の経済的な停滞や分裂もあって下火となった冷戦期の南北問題とは違い、冷戦後の新興国の台頭は国際政治上の権力移行とも関係しており、国際政治上の焦点となっている。

中国とインドとはやや異なる形で国際政治の不安定要因となっているのはロシアである。市場経済移行時の混乱や2000年代初頭まで続いた原油の低価格等もあって、ソ連の後継国家にもかかわらずロシアは低迷が続いていたが、プーチン（Vladimir Putin）という強力な政治指導者の登場と原油価格が上昇に転じたことで、状況は変わっていった。冷戦期のソ連とは比べるべくも無いが、核兵器の面ではアメリカに唯一対抗可能な能力を維持し、周辺地域への戦力投射能力も持つロシアは潜在的な脅威であった。さらにロシアは、1998年からG7サミットの首脳会合に加わるなど、主要国の一員としての一面も持っていた（ロシアが参加していた時期はG8サミットと呼ばれたが、財務相・中央銀行総裁会議は引き続きG7として実施されていた）。

ロシアとアメリカの対立は徐々に深まっていった。根底に存在しているのは、旧ソ連圏であった中東欧諸国の位置付けの曖昧さである。統一ドイツは引き続きNATOに所属する形となり、中東欧諸国はロシアの脅威から自らを守ろうと西側への接近を進めた。NATOの東方拡大やアメリカのABM（弾道弾迎撃ミサイル）制限条約からの一方的離脱はロシアとの緊張を高めた。そして21世紀に入ってからは、9.11テロ直後には一時的に協調ムードが醸成されたものの、NATOのさらなる拡大や中東欧諸国へのミサイル防衛システム配備等によって緊張感はさらに高まっていった。南オセチアをめぐるジョージア侵攻は小国に対する過剰反応と捉えられた。そしてロシアは、2013年にウクライナ東部のクリミア半島を併合し、G8サミットからも追放された。

2010年代を迎える頃になると、冷戦終結直後に期待されたものとは全く異なる世界が立ち現れていた。新興国が台頭する一方で、「対テロ戦争」と世界金融危機で傷ついたアメリカの指導力や威信は失われていた。中国やロシアは徐々に近隣領域への影響力拡大を図り、軍事力の増強も進められた。中ロをめぐる緊張は2010年代に入るとより深刻な形となって現れることになる。この間、1998年から2014年までロシアがG7サミットに正式メンバーとして参加した他、G20サミットの開始など、新興国を含む形での新たな国際関係が模索されたが、安定的な秩序を形成するには至らなかった。グローバル化がさらに進み、国際機関を含めたグローバル・ガバナンスが求められる領域は増え続ける中で、各領域で新たな問題解決方法の模索が続いている。

気が付けば世界は、「異質な国家間のグローバルな相互依存が常態化した時代」を迎えることになったのである。

主要参考文献

小泉悠『プーチンの国家戦略――岐路に立つ「強国」ロシア』東京堂出版、2016年
佐橋亮編『冷戦後の東アジア秩序――秩序形成をめぐる各国の構想』勁草書房、2020年
田所昌幸編『台頭するインド・中国――相互作用と戦略的意義』千倉書房、2015年
中林伸一『G20の経済学――国際協調と日本の成長戦略』中公新書、2012年
モーリス・ヴァイス（細谷雄一、宮下雄一郎監訳）『戦後国際関係史――二極化世界から混迷の時代へ』慶應義塾大学出版会、2018年
平野克己『経済大陸アフリカ――資源、食糧問題から開発政策まで』中公新書、2013年

5 相互依存とグローバル化

鈴木一人

古典的な国際政治学では、主権国家によって構成される国際社会において、国内法に相当する強制力のある法制度がないため、国家のパワーによって勢力が均衡している状態が国際社会に安定をもたらし、国際秩序を形成すると考えられてきた。その際「パワー」に該当するものは、軍事力であり、その軍事力を背景にした国家の交渉力＝外交力であるとみられていた。経済力や経済的な活動は、そうした軍事力や外交力を支える土台ではあるが、他国との貿易や投資が国際秩序を形成するとは考えられてこなかった。

しかし、第二次大戦後、「GATT-IMF 体制」とも呼ばれる自由貿易体制が整い、国境を越えた貿易が盛んになることで国際経済が次第に一体化し、国際分業が加速されることになった。そんな中で1973年に第一次石油危機が起こると、これまで国際秩序の形成に大きく影響していないと考えられていた経済関係が、実は国際政治において極めて重要な意味を持つことが明らかとなり、そこから国際的相互依存の概念が発達し、経済的な側面も含めた国際政治を分析する、国際政治経済学という分野も生まれることとなった。

本章では、相互依存とグローバル化をキーワードに、第二次大戦後の世界における経済的な相互浸透がいかにして国際秩序の形成に影響してきたのかを概観する。

1. GATT-IMF体制

貿易は太古の昔から人類の営みとして、自らの国内で生産できない財を、他国から平和的な手段で獲得する行為であった。しかし、貿易は自国の経済資源を他国に移転することを意味し、国内の経済状況が悪化した場合、自国経済を守ろうとする保護主義的措置、すなわち高い関税をかけ、外国製品を排除し、自国の産業を守り、その産業が生み出す雇用を維持することを目指す政策がとられる。大規模な経済圏を持つ帝国や大国であれば、自国内で生産する財で国民経済を運営することができるが、自国に資源がなく、外国に財を求める国家は、他国が保護主義的措置をとることによって窮乏を強いられる。ゆえに保護主義政策は近隣窮乏策（beggar thy neighbor）とも呼ばれる。

この保護主義政策が最も大きな影響を生み出したのが、1929年から始まる世界大恐慌であり、その恐慌から逃れるために、植民地帝国であった英仏などはブロック経済と呼ばれる保護主義措置を取り、他国が自国市場、植民地市場にアクセスすることを制限した。結果として市場へのアクセスを失った枢軸国（日独伊など）は武力によって他国の市場を奪い取り、自国の経済活動に当てるという領土拡張政策を選択し、それが第二次世界大戦を引き起こした一つの原因となった。その反省から第二次世界大戦後の世界では保護主義を排除し、自由貿易を徹底するという規範が共有されることとなった。その自由貿易を制度化し、国際秩序の基礎とするために開かれたのが1944年に開かれたブレトンウッズ会議であり、そこで生まれたのがGATT（関税及び貿易に関する一般協定）とIMF（国際通貨基金）であった。GATTとIMFは相互補完的な国際機構として見られ、両者を合わせてGATT-IMF体制（ないしは誕生の地の名前をとってブレトンウッズ体制）と呼ぶ。

GATT-IMF 体制は保護貿易の手段である関税を引き下げ、GATT 締約国の輸出品であれば他の締約国と差別してはならず（無差別原則）、締約国との貿易は非締約国より有利でなければならず（最恵国待遇）、国内では自国製品と差別して取り扱ってはならない（内国民待遇）といった原則を設け、自由貿易を促進した。しかし、外国の安い製品が大量に輸入されるようになると、自国の産業が淘汰され、大量の失業者が生まれるといったリスクを伴う。そのため、国内に重大な損害が生まれる場合はセーフガード（緊急関税措置）が認められるなど、国内社会秩序を保護することも一定程度認められた。これをラギー（John G. Ruggie）は「埋め込まれた自由主義」と表現し、自由貿易を進めつつも、国内社会の安定を同時に達成することを目指す狙いがあったと解釈している。また、IMF は自由貿易を進めることによって貿易決済が盛んになった場合でも決済通貨であるドルが不足した場合などに備え、特別引き出し権（SDR）などを設定し、自由貿易の決済の仕組みを支えるだけでなく、自由市場で起こりうる不況や通貨危機において、最後の貸し手として国際金融秩序を安定させる役割を担うこととなった。

2. 日欧の復興とニクソンショック

GATT-IMF 体制に基づく国際秩序は、第二次大戦後の戦後復興を進める日本や欧州の経済活動を容易にし、急速な経済成長を遂げることを可能にした。欧州においてはマーシャル・プランによる資金供給によって米国からの輸入品の決済が可能となり、米欧間の同盟関係を強化しただけでなく、マーシャル・プランを受けるための条件として共産主義政党を政権から排除させたことで、東西冷戦における西側諸国の結束にも役立った。また、日本においては1950年に勃発した朝鮮戦争の後背地として様々な物資の供給を担ったことで、朝鮮特需による経済成長に弾みがついただけでなく、冷戦における西側の一員としての立場を確固としたものにした。

しかし、日欧の経済復興と高度経済成長は、米国経済の相対的な衰退を招き、米国からの富の流出を促進した。GATT-IMF 体制の基礎として米ドルが金と交換可能とする、金＝ドル本位制がとられていたため、米国からの富の流出は、米国からの金の流出を意味していた。金とドルの価値が固定されていたため、ドルとその他の通貨との為替も固定化される（日本円は１ドル＝360円だった）。固定相場制をとっていたことで、日欧が経済成長しても為替レートが変わらず、長期にわたり日欧の通貨が安い状態（ドル高）が続き、輸出に有利となり、さらに日欧の経済成長が可能となった。日欧の経済成長に加え、ベトナム戦争で巨額の戦費を支出し、また国内でも「偉大な社会（Great Society）」と呼ばれる福祉政策を推進したことで、米国からの富の流出はさらに加速し、ついにドルと交換できる金が不足する状況が生まれた。そこで金とドルの交換停止を宣言したのが1971年のニクソンショックである。

ニクソンショックは後のグローバル化を加速させる跳躍台となった。というのも「開放経済のトリレンマ」、すなわち自由な資本移動、固定的な為替、自律的な金融政策は三つ同時に成立しないため、金＝ドル本位制での固定相場制を維持していた間は、自由な資本移動が制限されていた。しかし、ニクソンショックによって固定的な為替を維持する必要がなくなったため、自由な資本移動が可能となったのである。資本が自由に動くようになると、企業はより生産効率の高い場所、つまり人件費が安く、労働力の質が高く、規制が緩く、税制が有利で、インフラが整っている等といった条件が整う場所に工場や事務所を移転していくようになる。そして外国で生産した製品やサービスを自国に輸入するという国際分業が進むようになった。付加価値の高い設計や研究は先進国に集中し、付加価値の低い大量生産向けの工場は賃金の安い途上国に移転するということが一般的になり、また様々な部品を異なる国から調達し、製品を組み立てるというグローバル・サプライチェーンの構築が進むようになった。このような形で、ニクソンショックはグローバル化を加速させるきっかけとなったのである。

3. 石油危機と債務危機

国際政治学において「相互依存」の概念が使われるようになったのは、1973年の第四次中東戦争をきっかけに起きた第一次石油危機であった。イスラエルと戦ったアラブ諸国は、イスラエルと友好関係にある先進工業国に対して原油の輸出を止めたり削減したりしたことで、先進諸国はパニックとなり、中東戦略の抜本的な変更を強いられることとなった。相互依存論では、こうした中東諸国への原油供給の依存は「敏感性（sensitivity）」を高めたとされる。敏感性とは、他国において起きた出来事によって受ける影響の大きさを指す。こうした敏感性が高い状態にあっても、国家はそこから回復する力（resilience）を持つ。備蓄を放出するなどして早期に回復できれば「脆弱性（vulnerability）」は低く、そうした備えのない国は脆弱性が高い。脆弱性が高くなれば、他国によって影響され、支配される傾向が強まることになる。

石油危機にみられる、経済的な手段によって国家の戦略的目標を達成しようとすることを「エコノミック・ステイトクラフト（economic statecraft）」という。こうした経済的手段を戦略的に用いた強制行動は、ナポレオンの大陸封鎖など過去にも見られたものであるが、アラブ諸国が原油を武器に他国の行動を変容させようとしたことは、エコノミック・ステイトクラフトの最大の成功例と言えよう。

さて、石油危機はもう一つの相互依存関係を深める効果をもたらした。産油国による原油生産の国有化により、莫大な富が産油国に集中することになったが、その富を運用するだけの金融システムが産油国にはなく、多くが先進諸国、とりわけ欧米の金融機関を通じて運用されることとなった。その結果、欧米金融機関には多額の資金が集まり、その運用先として、当時、輸入代替工業化を進めるラテンアメリカ諸国に貸し出されるということになった。

この輸入代替工業化とは、当時ラテンアメリカ諸国で広く受け入れられていた「従属理論」に基づき、先進工業国への従属を断ち切るためには、先進国から輸入している商品を国産化することで、従属的な依存関係（非対称的相互依存）を脱却し、経済的な独立が可能になるという政策であった。従属理論はマルクス主義的なイデオロギーを背景とした経済発展論ではあったが、経済的基盤が脆弱なラテンアメリカ諸国においては、国産工業化を進めるための原資となる資本の蓄積が十分ではなく、輸入代替工業化を進めるためには外国から資金を借り入れる必要があった。そこに資金を提供したのが欧米諸国の金融機関であった。

しかし、輸入代替工業化は早々に行き詰まることとなった。外国製品の輸入を減らすために高い関税によって自国の幼稚産業を保護する政策がとられたが、技術的にも生産能力としても未熟な国内製品は競争力を持たず、質の悪い商品が高い値段で売られることに消費者の不満は高まった。また、国家主導で進められた経済政策は、権力を握る一部の集団に濫用され、政治腐敗を加速化させた。そんな中で、欧米諸国の金融機関から借りた資金を返済しなければならない状況になったが、ラテンアメリカ諸国の経済状況の悪化から、返済が困難であるという状況が明らかになっていった。

そこで起きたのが「債務危機」である。国債の償還が不可能となったラテンアメリカ諸国はデフォルト（債務不履行）を宣言し、借金を返済しない立場を示した。これに対し、「国家は破産しない」として多額の資金を貸し込んでいた欧米の金融機関は巨額の不良債権を抱え込むことになり、銀行の倒産の可能性が非常に高まった。欧米の金融機関が破綻すれば世界経済全体に大きな影響を与えることとなり、この状況を何とか解消すべく、アメリカ財務省、IMF、世界銀行が協力して、ブレイディプランと呼ばれる財務再建計画を提出した。

この計画では、IMF が「最後の貸し手」として融資し、債務の履行スケジュールを先延ばしにする（リスケジュールないしリスケ）代わりに、ラテンアメリカ諸国は国有企業の民営化、増税や国家補助の縮小による財務健全化、輸入自由化などの改善を行うことを条件とした。こうした条件を付けた融資による金融危機の救済策は「コンディショナリティ」と呼ばれ、その後も金融危機が起こるたびにコンディショナリティをつけた融資が行われることが一般化された。このコンディショナリティは、多くの場合、福祉や年金などの市民生活を支える政策にしわ寄せが行くため、人道上の問題を引き起こすとして批判されることも多いが、政治的に腐敗し、財政政策が機能不全を起こしている国家に融資すると危機を回避するよりも権力者の立場を強化するために資金が使われる恐れもあるため、コンディショナリティは不可欠であるという議論もある。また、アメリカ財務省、IMF、世界銀行ともにワシントン DC に本拠を置くことから、こうしたコンディショナリティによって、新自由主義的な政策を強要することを「ワシントン・コンセンサス」と呼んだりもする。

このように、石油危機によって経済的な相互依存が国際政治に与える影響が多大であるということが明らかになっただけでなく、石油危機によって集まった富が、ラテンアメリカ諸国に融資されたことで、金融上の相互依存関係が生まれ、債務危機によって、金融的な手段を介してラテンアメリカ諸国の政治体制にまで影響が及ぶこととなった。

4. グローバル化と貿易摩擦

石油危機と債務危機により、グローバルな政治経済が不可分に結びつくという認識が高まる中、これまで一国内でとどまっていた経済が、ニクソンショック以降の資本の自由移動に伴い、グローバル化が大きく進展するのが1980年代であった。この頃から注目されるようになったのが多国籍企業である。それまで特定の国家に拠点を置き、企業がある種の「国籍」を持っていると考えられていたが、資本が自由に移動し、複数の生産拠点で経済活動を行うようになる企業が増えていった。

多国籍企業が生まれてくる背景には、生産活動において、付加価値の高い研究開発や設計、デザイン、マーケティングといった部門は人件費などの生産コストの高い先進国で行う傾向が強まり、逆に、付加価値がそれほど高くならない大量生産過程などの製造部門は、生産過程の機械化、オートメーション化が進むことで、より生産コストの安い途上国に移転するというパターンを描くことが多くなるという国際分業の深化があった。そのため、それほど技術力を要しない製造業などはこぞって途上国に移動し、生産拠点が多元化した企業が生まれるようになった。先進国においては工場が次々と移転していくため「産業の空洞化（hollowing out）」が起きているという認識が高まった。

しかし、自動車や半導体のように複雑な製造過程を持つ産業は、容易に多国籍化せず、本拠となる国で生産され、輸出されていくというのが一般的であった。石油危機以降、ガソリン価格の高騰などを経験した国々では、燃費の良い自動車への需要が高まり、燃費性能の高い日本車の競争力が高まった。その結果、「集中豪雨的」にアメリカや欧州への輸出が行われ、欧米諸国の自動車産業を追い込む形となった。また、こうした日本からの輸出は、1970年代には繊維産業や鉄鋼、1980-90年代には半導体なども問題とされ、対日感情の悪化とともに、政治的な課題として浮上した。いわゆる日米貿易摩擦、日欧貿易摩擦である。

グローバルな貿易が活発になったことで起きた貿易摩擦を解決するため、アメリカは日本に対して政治的な圧力によって解消しようとした。すでに述べたように、第二次世界大戦後の世界においては自由貿易が基調であり、高関税や数量制限と言った保護主義的な措置による自国産業の保護はルール違反だと考えられていた。その自由貿易を主導したアメリカが自らそのルールを破るわけにはいかないため、日米の政治的関係、とりわけ安全保障において日本がアメリカに強く依存している状態をテコとして、日本に圧力をかけたのである。

その圧力とは、政治的交渉を通じて、日本が「自主輸出規制」の措置を取り、あくまでも日本が自らの判断でアメリカに対する輸出の数量制限を行うというものであった。また、アメリカは日本の産業構造、たとえば旧財閥系企業で作る「系列」の間で株式を相互に持ち合うことや閉鎖的な取引を行うこと、さらには日本政府の公共調達が一般入札ではなく、随意契約として特定の産業を優遇していること、商店街の中小商店を保護するための大規模小売店法などの規制、外国車にとって不利になっていると考えられていた車検制度など、様々な産業分野における商慣行を改め、日本が自主的に外国企業に対して市場を開放するように圧力をかけた。それを総合的に議論したのが日米構造協議（SII）である。こうした政治的圧力を使って戦略的に市場開放や貿易調整を行うことを「戦略的通商政策」と呼ぶ。

グローバル化が進むことで、日米だけでなく、多くの二国間貿易において貿易摩擦が起きるようになり、それを政治的に解決していくことが次第に困難になっていった。また、貿易摩擦による自主的輸出規制などの結果、日本企業は、大きな市場であるアメリカや欧州に直接投資を行い、それらの市場の中で生産拠点を持つことで貿易摩擦を回避するという行動に出るようになった。その結果、生産拠点は賃金の安い途上国だけでなく、大きな市場のある国にも拡散するようになり、途上国で作られた部品が日本を経由せずに、欧米市場にある組み立て工場に送られ製品となるといった「グローバル・サプライチェーン」が発達するようになる。ここにきて、企業は多国籍から無国籍、ないしは脱国籍化していくようになる。

5. WTO の成立とメガ FTA

グローバル・サプライチェーンのネットワークが発達するようになると、GATT による関税引き下げをさらに進めようとする勢いが出てくる。さらに国境を越えた分業が進むと、各国間の規制の違いや知的財産の保護の仕組みの違いなどによる不都合が意識されるようになり、これらの障害を取り除いて、国境を越えた取引が国内市場での取引のように関税もなく、同一のルールで執り行われるよう、GATT を進化させることになる。それが1986年から始まったウルグアイ・ラウンドでの交渉であり、その結果としての世界貿易機関（WTO）の誕生である。

ウルグアイ・ラウンドでは、これまで GATT で認められてきた一部品目の保護主義的な措置（例えば日本のコメの実質的輸入禁止）を撤廃し、すべての品目の関税化が定められ、また、貿易摩擦が起きた場合、それを政治的に解決するのではなく、条約に基づいて第三者が判断するという紛争解決メカニズムが導入された。さらにこれまでGATTでは扱ってこなかった知的財産を保護するTRIPs協定や、サービス貿易に関連する規則であるGATSなどが定められた。これらのルールをWTOが扱うことで、貿易に関する様々な問題を解決する手段として国際的なガバナンスの仕組みができることになった。

中でも重要になるのは、WTOの紛争解決メカニズムにおける決定は、加盟国を法的に拘束する、という点である。国際社会は主権国家の集合体であり、主権国家は権力として最上位にあり、他国からの干渉を受けないだけでなく、国際機関による決定によっても拘束されないというのが一般的である。しかし、主権国家が合意・批准した条約や取り決めはその国家を拘束する（*pacta sunt servanda*）という原則があり、WTOに加盟した国家は、WTOの裁定に従うことが求められる。もし、加盟国がその裁定に従わない場合、被害を受ける国は報復関税などの措置を取って、違反国を罰することができる。こうした強い法的拘束力をWTOに与えることによって、貿易の問題に関して互いに守るべきルールをはっきりさせ、加盟国の行動を制約することで、安定した自由貿易秩序を形成することができると考えられている。

しかし、ウルグアイ・ラウンドの交渉に時間がかかり、各国の利害を調整することが困難であると見たアメリカは、より緊密な貿易相手であるメキシコとカナダと個別に交渉し、おおよそすべての関税を無関税にし、ウルグアイ・ラウンドでは合意できなかった投資協定なども含めた地域自由貿易協定である北米自由貿易協定（NAFTA、現在はUSMCA）を結んだ。これによりアメリカ市場にアクセスしたい日本企業などはメキシコに生産拠点を移し、そこからアメリカ市場に輸出するようになっていく。また、NAFTAに刺激を受ける形で、多くの地域で地域自由貿易協定が結ばれるようになる。日本が主導してまとめたCPTPP（アメリカの参加しないTPP11とも呼ばれるもの）や日本、韓国、中国などのアジア諸国で作るRCEPなどがその代表例である。

こうした自由貿易協定は、自由貿易の原則である「無差別」に反する側面がある。WTO加盟国であれば差別なく平等に扱われるべきだが、NAFTAができたことで、アメリカ市場へのアクセスはメキシコやカナダの方が容易になり、日本は不利な状況に置かれる。しかし、GATT第24条では、二国間ないし多国間の協定が「当事国間の経済の一層密接な統合を発展させて貿易の自由を増大することが望ましいことを認める」としている。つまり、自由貿易が促進されるのであれば、自由貿易協定は望ましいとされている。160ヶ国以上が参加するWTOで合意形成するには時間がかかりすぎるため、緊密な通商関係にある少数の国と協定を結ぶ方が都合が良いとして、自由貿易協定の数は増え続けている。

6. グローバル化の将来

ニクソンショックを境として加速化を続けるグローバル化は、一方でWTOや自由貿易協定を増やし、世界を一つの市場として結び付けようとしている。実態としてグローバルなサプライチェーンは深く結びついており、国際分業が現代の世界経済の基本となっている。他方で、政治的権力は主権国家に備わっており、グローバル化によって工場が移転し、雇用が失われるなどすれば、不満を持った人々が増え、そうした人たちがグローバル化を抑制することを求めるようになる。21世紀になって問題となって来た反グローバル化運動や、ポピュリズムの問題は、こうしたグローバル化の進展に対する反動として主権国家が持つ政治的権力を再活性化するという側面がある。

また、グローバル化が進み、国際分業が進むと、ある国で開発した技術が他国に流出し、自国の産業のライバルや安全保障上の対立国家に技術が流出することになり、それが結果として自らの経済や安全保障に損害を与える可能性もある。そのため、国家は自らの企業や大学、研究所などが発表したり、輸出したりするものが望ましいものなのか、将来にわたって自国に危害を加えるものになるのかを見極めなければならない。

このように、グローバル化が進む中で、国家の役割は大きく変わりつつある。国家は自由貿易を促進して、国内経済を活発にし、安定した経済成長を続け、国民に豊かさをもたらすことが期待されている。と同時に、国家は他国との貿易や投資、技術移転によってもたらされるリスクを検討し、そうしたリスクを可能な限り排除していかなければならない。そのためには保護主義的な措置や厳しい規制を科すことで自由なビジネスを阻害することもありうる。こうしたバランスの中で、国家は自らの政策を判断し、グローバル化による利益と不利益を調整していかなければならない。

そんな中で問題となるのは、先進工業国のように経済規模が相対的に大きな国は、より自由な政策選択ができるのに対し、途上国のように一国で経済運営をすることが困難であり、援助や外国からの投資に依存している国は、グローバル市場の影響をより強く受けるということである。主権国家は自らの意思を自らが決定し、他者から干渉を受けない原則となっているが、現実にはIMFのコンディショナリティや他国への借款や国債市場などに配慮しなければならず、その結果、新自由主義的な政策、すなわち国有企業の民営化や福祉切り下げなどを迫られる状況にある。

こうした、国家の自律性はグローバル化によって失われつつあり、先進工業国もグローバル化から自由というわけではない。実際、グローバル化に反対し、「アメリカ・ファースト」を主張したトランプ政権は、TPPからの撤退やWTOの機能不全をもたらすような措置（上級委員の任命拒否など）や中国に対する追加関税を実施するなど保護主義的な手段を取ったが、それによってアメリカに工場が戻って来たわけでも、対中貿易赤字が減少したわけでもない。

グローバル化は自由な資本移動が可能な限り、企業が最適な生産拠点を見つけ、より収益の上がる市場に参入し、グローバルな国際分業体制を作ることによって進み続ける。こうした資本移動やそれに伴う貿易、物流、人の移動（移民）は、各国間の経済格差や規制の違い、税制の違いがある限り、今後も続いていく。そのグローバル化に対して、一方ではグローバル化に合わせる形で新自由主義的な政策をとり、グローバル市場において投資を呼び込む魅力のある国家になろうとする。しかし、その結果、経済格差が拡大し、国民の不満がたまると、そうした政策に反発する形で保護主義的な政策をとり、相互依存を断ち切ろうとする。しかし、現実に断ち切れるわけではないため、また、別の方策を見出さなければならなくなる。国家は今後もグローバル化とどう付き合うか、模索し続けることになるだろう。

主要参考文献

ロバート・O・コヘイン、ジョセフ・S・ナイ（滝田賢治監訳）『パワーと相互依存』ミネルヴァ書房、2012年（2012/11/1）

スーザン・ストレンジ（西川潤・佐藤元彦訳）『国家と市場――国際政治経済学入門』ちくま学芸文庫、2020年

田所昌幸『国際政治経済学』名古屋大学出版会、2008年

ダニ・ロドリック（柴山桂太・大川良文訳）『グローバリゼーション・パラドクス――世界経済の未来を決める三つの道』白水社、2013年

猪俣哲史『グローバル・バリューチェーン――新・南北問題へのまなざし』日本経済新聞出版社、2019年
中川淳司『WTO――貿易自由化を超えて』岩波新書、2013年

6 国際レジームと国際規範

鈴木一人

国際社会は主権国家によって成り立っている。国家が主権を持つということは、法的に国家の上位の権威を認めず、最終的な決定権は国家にあることを意味する。しかし、すべての国家が全て自らの利益のために行動すれば、国際社会は秩序のない利益の衝突の繰り返しとなってしまう恐れもある。特に、現代世界においては、国境を越えた多くの問題、例えば気候変動などの環境問題、飢餓や紛争を逃れてくる難民の問題、増え続ける人口をめぐる問題、核兵器などの大量破壊兵器がテロリストなどの手に渡るといった不拡散の問題など、地球規模課題（グローバル・アジェンダ）が山積している。こうした中で、国家が自らの利益のためだけに行動するとなれば、課題の解決は期待できず、すべての国にとって不利益な結果となる恐れもある。

こうした問題は「共有地の悲劇（Tragedy of Commons）」とも呼ばれる。共有地の悲劇とは、牛を飼っている複数の酪農家が共有地の牧草を牛に食べさせて育てる際に、すべての農家が自己利益を最大化させようとしてできるだけ多くの草を牛に食べさせると、即座に牧草が食い尽くされ、結果的にすべての農家が牛を肥えさせることに失敗する、というゲーム理論でよく使われるたとえである。こうした共有地の悲劇を回避するためには、それぞれの農家が自らの利益を一部制限しても、ルールを作って共有地を分割し、牛に食べさせる牧草の量を調整することで、持続可能な共有地の利用を可能にすることが重要となる。

これは言い方を変えれば、目先の短期的な利益を優先し、他者よりも優位に立ち、競争に勝つことを目指すのか、それとも長期的な利益を優先し、他者との協調を通じて、最大ではないけれども確実な利得を得るのか、という二つの異なる合理性をめぐる問題でもある。前者の短期的利益を追求するものは「相対的利得（relative gain）」、つまり他者と比べて相対的に利得が多い状態を目指す。後者の長期的利益を追求するものは「絶対的利得（absolute gain）」、つまり現在手にしている利得よりも少しでも利得が増えればよいという状態を目指す。国際社会において国家が「国益を実現する」ことを目指したとしても、相対的利得を追求する場合と絶対的利得を追求する場合とでは、異なる合理性に基づいて行動する場合があり、すべての国家が同じように行動するわけではない。

1. 国際レジームとは何か

国際レジームとは、条約や国際機構を中心として、国家間の行為を調整する仕組みである。国際レジームの定義として最もよく用いられるのはクラズナー（Stephen Krasner）の「国際関係の特定の分野において、アクターの期待が収斂する、暗黙の、もしくは明示的な原則、規範、ルール、意思決定手続きのセット」（Krasner［1983］）である。この定義のポイントは第一に、レジームが国際関係の「特定の分野」で成立するというものである。言い換えれば、国際レジームは世界政府のようなすべての分野を包括するガバナンスの仕組みではなく、環境や難民問題や人口問題といった、個別の政策分野ごとに作られるものである。環境レジームの中核には国連環境計画（UNEP）や国連気候変動枠組条約（UNFCCC）があるが、核の不拡散を定めたNPT（核不拡散条約）レジームには中核となる国際機構はなく、査察機関として国際原子力機関（IAEA）があり、加盟国間の調整は国連総会や軍縮会議（CD）の場で行われる。

第二に、「アクターの期待が収斂する」という点である。これは、国際的なルールやレジームがない状態であれば、各国政府や企業、NGO（非政府組織）が自らの利益や政策目標を実現するためにバラバラに行動し、共有地の悲劇が起きてしまう。しかし、国際レジームが存在することで、どのようなルールに基づいて行動すべきか、その結果何を得ることができるのかという見通し（期待）を得ることができ、それらがレジームに参加するアクターの間ですり合わせやすくなるということを意味する。

第三に、「暗黙の、もしくは明示的な」という点である。国際レジームの焦点となるのは、必ずしも書かれている条約や明示的に示されたルールだけでなく、暗黙の了解や各国の間で共有されている「お約束」など、はっきりとは規定されていないが、国際社会において秩序を乱さないよう、互いに監視し、プレッシャーをかけるという社会的圧力も含む。

第四に、「原則、規範、ルール、意思決定手続き」についてである。原則とは、特定の政策分野において、基本的な事実関係や因果関係をアクターが共通して認めているものを指す。例えば地球温暖化の問題であれば、人間の活動が地球の温暖化に貢献しており、各国が温室効果ガスの排出量を制限することで、温暖化のスピードを食い止める、といったことである。場合によっては「温暖化は自然現象であり、人間の行為の結果ではない」と主張する政治家などもいるが、そうした意見は共有された原則とはなっていない。

規範とは、何らかの行動をとる際、それが適切かどうかを判断する基準となる。例えば、旧式の石炭火力発電所を動かして発電することは、国際的な取り決めであるパリ協定に違反しているわけではない。しかし、その発電所が生み出す温室効果ガスの排出量は非常に多く、他の代替手段（再生可能エネルギーなど）があるにもかかわらず、温室効果ガスを多く排出する発電所を使い続けるのは、その国の経済的利益（新しい発電所に投資するのがもったいない等）のためであり、国際社会にとっては大きくマイナスとなる行為であるため、うしろめたさが残る。こうした居心地の悪さやうしろめたさを作り出すのは、「温室効果ガスを多く排出するのは悪いことだ」という規範があるからである。

ルールや意思決定手続きは、条約などで定められた行動基準やレジームを運営していくためのルール（例えば一国一票での多数決なのか、全会一致なのか）といったことを指しており、各国は自らの利益を一定程度制限しつつも、ルールや手続きの中で最大化しようとするため、これらのルールや意思決定手続きを共有することで他国がどのように行動するのかという見通しが立ちやすくなる。

上記をまとめると、国際レジームは個別の政策分野ごとに、明確に書かれていないことも含め、アクターが一つの作法に従って行動し、互いの行動を予測し、ルールや手続きの中で利害を調整し、国際的な秩序を作り出すための枠組みである。

2. 国際レジームと強制力

国際レジームは暗黙の了解も含めた広い概念ではあるが、様々な利害を抱える国家同士が協力するうえで、黙示的なルールだけで利害調整をすることは難しい。近代国家が成立する以前から人類は海に出て、貿易や人の移動や、場合によっては戦争を行ってきたが、海における「お約束」は長い間、明示的な国際ルールがない状態で慣習的に利害が調整されてきた（混雑した海峡における衝突防止など）。しかし、こうした暗黙の「お約束」では解決できない海洋資源利用の権利などをめぐる問題が出てくることで、明示的なルールの制定が必要となり、国連海洋法条約（UNCLOS）が1982年に採択され、1994年に発効している。

このように、国際レジームの特徴は、その中心に条約やルールがあり、それを取り巻く形で、様々な規範や共通理解に基づく各国の行為の制限が加わる。ここで重要となるのは国家が自らの利益のために自発的にこれらのルールや「お約束」に従っているということである。主権国家で成り立つ国際社会において、他国に強制力を働かせ、力をもってルールに従わせるということは極めて困難である。そのため、国際レジームの有効性は各国がどれだけそのレジームの目的に共感し、その目的を共有し、レジームの存在意義に利益を見出せるかという点にかかっている。

ただし、いくつかの国際レジームでは一定の法的強制力が伴うものもある。その第一が国連安全保障理事会（安保理）による決議である。国連は第二次世界大戦を食い止めることができなかった国際連盟の反省から、一定の強制力を持つべきであるとの了解が第二次世界大戦の戦勝国の間で共有されていた。国連の創設を議論したダンバートン・オークス会議で、国連総会では多数決で決定することができる（国際連盟では全会一致）が、そこでは強制力を伴う決定は採択されず、勧告的な決定のみが採択されると定められた。しかし、安保理では、全会一致が求められるのは五大国だけでありつつも、変則的な多数決（15ヶ国のうち9ヶ国の賛成と五大国の反対の不在）によって強制力のある決定を採択することができる。大国の一致は一般的に「拒否権」と呼ばれるが、言いかえれば大国が一致しなければ強制力のある決定ができないことを意味する。なお、安保理の決議は全て強制力があるわけではなく、国連憲章第七章の強制措置に基づく経済制裁などの非軍事的強制措置と武力の行使を伴う軍事的強制措置に関する決議はすべての加盟国を拘束することが国連憲章第25条に示されている。

第二に、本書の第5章でも論じた世界貿易機関（WTO）の裁定による報復関税も、強制力のある措置をもつ国際レジームと言える。また同様に、国際司法裁判所（ICJ）の判決も、当事国がICJの管轄権を受け入れる、すなわちICJの決定がどのようなものであれ受け入れるという判断をすれば、加盟国はその決定に従うことが義務付けられる。

第三に、国際レジームとはいいがたいが、欧州連合（EU）における決定も加盟国に強制力が働くものとして特殊な取り決めがある。EUでは加盟国が自らの主権を一部委譲することによって、EUでの決定の一部そのまま国内法上の決定と同等となり、国内に直接適用される。特にEU域内の共同市場に関するルールについてはEUが排他的決定権限を持ち、加盟国が反対しても、EUの決定が国内に適用され、それに違反した場合は欧州司法裁判所に提訴される。イギリスがEUから離脱した背景には、こうした超国家的な制度を持つEUの強制力によってイギリスの自律的な決定権が失われているという不満や批判があった。

いずれのケースにしても、国連憲章やWTO条約のように、その基礎となる法的基盤の中に強制力のある措置が組み込まれており、その条約を批准した時点で強制力のある措置が、自らの意志と反した場合でも執行されるということに同意したということを意味する。これは第五章でも述べた「合意は拘束する（*pacta sunt servanda*）」の原則に基づくものである。

3. 国際規範の成立過程

強制力のある国際レジームは極めて限られており、多くの場合がレジーム参加国による自発的なコミットメントによって成立している。そうした自発的なコミットメントは、国際社会における規範の成立が極めて重要となる。上述したように、規範とは国家が何らかの行為を行う際に、その行為が適切かどうかを判断する基準となる。こうした規範は強制力を持たないものではあるが、社会的な制裁を含む、周囲からのプレッシャーによって居心地の悪さやうしろめたさを作ることで、国際規範の遵守圧力を高め、行動を制約することができる。しばしば、「ならず者国家（rogue state）」と呼ばれる、国際規範に従わない国家が、自国の利益を前面に出して行動する場合もあるが、それらに対しては経済制裁や、極端な違反の場合は1991年の湾岸戦争のように武力制裁を行うこともあり得る。

こうした規範は何もないところから自動的に生まれるわけではない。その規範を実現していくプロセスには一定のパターンがある。それをフィンモアとシキンクは「規範ライフサイクル論」（Finnemore and Sikkink, 1998）としてまとめている。彼女らは規範が成立する過程を規範の出現、規範の拡散、そして規範の内在化の三つの局面にわけ、それぞれの局面における政治的ダイナミクスを解明している。

まず、第一の規範の出現局面であるが、ここでは「規範起業家（norm entrepreneurs）」の存在が重視される。規範起業家は特定の問題を取り上げ、解釈し、特定の概念を生み出し、それを劇画化する（現代風にいえばバズらせる）ことで、注目を集め、議題設定（framing）を行う。その代表例としては国際赤十字運動を主導したアンリ・デュナン（Jean-Henri Dunant）や、近代オリンピックを作ったクーベルタン男爵（Pierre de Frédy, baron de Coubertin）などが知られる。

しかし、規範起業家といえども一人で規範を展開することは出来ない。規範起業家にとって不可欠なことは組織化された基盤（organizational platform）であり、そこから打ち出す政治戦略である。この基盤を用いて規範起業家はメディアや意志決定者など重要な規範の受け手にアクセスし、情報を提供するだけでなく、組織的な行動を起こし、既存の規範に挑戦する行動に出ることで問題の性質を浮かび上がらせ、世間の注目を集めようとする。

この第一段階が次の段階に進むためには、「分水嶺（tipping point）」を乗り越えなければならない。この「分水嶺」とは、規範が拡散するために不可欠な決定的多数の主体（critical mass）、中でもその問題に重要な利害関係者が新たな規範を受け入れている状態を指す。フィンモアとシキンクは、最低でも「システム内の参加国全体の３分の１」がその規範を採用しなければ規範の拡散は始まらない、としている。

このような分水嶺を乗り越えた規範は、次に規範の拡散局面に入る。ここでは、国際的に認められつつある規範が、各国国内の抵抗や様々な事情を乗り越え、幅広く受け入れられていくようになる。そして、規範が拡散し、広く受容されることが認められると、各国において内在化される局面に移る。規範は既に広く受け入れられているため、それが「当然」のものとして認識され、主体は無意識のうちに規範に追従するようになる。各国の官僚や専門家は新たな規範の価値に基づいて政策を立案、執行し、その行為が反復されていくことで、規範が内在化されていくのである。

こうして成立する国際規範は現代世界においても、多くの規範が「当然」のものとして認識されている。例えば地球温暖化をめぐる規範は、1970年代までは国際社会における小さなアイディアでしかなかったが、レイチェル・カーソンの『沈黙の春』の出版（1962年）や、ローマ・クラブが1972年に出した『成長の限界』といった環境問題に対する啓発書が広く読まれるようになり、のちに国連気候変動に関する政府間パネル（IPCC）に参加する科学者たちが「規範起業家」となって運動を進めた結果、アメリカの副大統領であったアル・ゴアなどが賛同していくことで「分水嶺」を超え、規範が拡散していくことになった。同様に、対人地雷禁止の規範は、戦争が終わっても地雷が残ることで紛争後の社会において子供たちが犠牲になっているというキャンペーンを展開した、地雷廃絶国際キャンペーン（ICBL）が「規範起業家」となり、ダイアナ妃などを起用した広告などを展開し、その運動に共鳴したカナダが国際社会において賛同を募り、地雷を製造、使用している国の協力を得る前に対人地雷禁止条約（オタワ条約）を締結、発効させ、決定的多数の主体を集めることで地雷製造・使用国に圧力をかけ、「分水嶺」を超えるという方法がとられた（この手法は核兵器禁止条約の運動でもとられている）。

4. 専門家の役割

国際規範が成立する過程で重要な役割を果たす「規範起業家」は、かつてのデュナンやクーベルタン男爵のように社会的な地位があり、国際的な人脈を活かして規範を広めていくようなケースもあるが、現代においては、より科学的な専門性のある集団がその役割を担っている。IPCC や ICBL のようなグループは、個人的な人脈などの資源を活用するというよりも、科学的な分析やデータの収集分析による説得力を武器にして、規範を広めている。

こうした専門家集団が国際規範の「規範起業家」となることを、ピーター・ハースは「知識共同体（epistemic community）」と呼び、専門家の役割の重要性を論じている。知識共同体は「ある特定の政策分野における政策に関連した知識に対する権威を持ち、認知された経験と能力を持つプロフェッショナルのネットワーク」(Haas［1992］）と定義されており、このネットワークは規範、信念、政策志向性などによって結びついており、単なる利益集団やテクノクラートの集まりとは区別される。このような専門家集団は、国境を超えてその政策志向性や価値観を共有し、国際交渉の場において政策決定者に働きかけ、交渉の帰結をある一定の方向に誘導しようとすることが可能であるとされている。一般に、各国政策決定者は技術的に難解な政策イシューを理解することが困難であり、専門家に助言を求める傾向が強い。専門家達は国際学会などを通じて意見を交換し、価値観の収斂度を高めることによって、異なる政府の政策決定者に対し、類似した政策オプションを提供することになる。それが結果として、国際交渉の帰結の方向性を誘導することになると考えられる。つまり、国際交渉に参加する諸政府の国内政策形成過程に影響力をもつ専門家の国際的な連帯によって、国際交渉の趨勢に影響を与えることが出来るのである。また、ハースらはこのような国際的な政策形成過程が繰り返されることによって、政策決定者がある種の行動様式と思考方法を学習し、専門家が関与しない場合でも、それまでの政策パターンを持続すると論じている。

ただし、注意しなければならないのは、知識共同体の専門家の中には様々な主義主張を持つ人たちがいて、必ずしも一枚岩ではないということである。地球温暖化の問題などは大多数の専門家が共通の立場をとるが、一部には全く異なる主張をする専門家も存在する。さらに、新型コロナウイルスのような新興感染症の場合、わからないことが多く、専門家の中でも考え方やデータの評価が異なる場合もある。また、科学は国境を越え、文化や言語の壁を超える普遍的な現象を対象としているが、それでも科学者は自らが育った文化や所属する国家の影響を受ける場合もある。そのため、政策決定において、専門家の主張が常に国際的な規範になるとは限らない。

5. グローバル・ガバナンス

国際レジームは暗黙の国際規範を含めた大きな概念ではあるが、それでも国家が中心となって国際秩序を形成し、国際的なルールや規範を各国が遵守し、それを国内の統治の枠組みの中で実現するということが前提となっていた。例えば、地球温暖化の問題であれば、京都議定書やパリ協定のように国家が主体となって国際的な取り決めを交わし、各国がそれぞれ約束した目標を達成するために国内政策を実施するということになっている。

しかし、こうした国家中心型の国際秩序のあり方は限界に来つつあるという認識も高まっている。国際社会は主権国家でできているとはいえ、いくつかの国家は内戦や政治的腐敗によって国内統治が事実上不可能になっている場合もあり、仮に国際レジームが出来上がり、それを実施しようにも、そうした統治能力が不十分な国が抜け穴になり、レジームが目指す目標が達成できないような状況が生まれる可能性は大いにある。

そのため、近年では、国際レジームだけでなく、その実施面に光を当てたグローバル・ガバナンス論が議論される機会が増えている。グローバル・ガバナンス論は国家だけでなく、国連難民高等弁務官事務所（UNHCR）などの国際機関と「難民を助ける会」などの NGO、さらにはこうした活動に資金提供をする篤志家や、問題解決のための設備を開発したりする企業などが協働して問題の解決にあたる、というものである。

国家や国際機構は、統治能力の低い国家であっても、直接介入することで内政干渉の問題が生じてしまうが、NGO や企業が活動するとなれば、その活動を認めやすくなる。また、NGO などの団体は、より機動的に行動することができ、彼らが持つノウハウや情報はしばしば国家や国際機関が持つものよりも充実している。こうしたノウハウや情報、現場での経験を踏まえて、NGO はその活動を国際的に広報し、新たな規範を作り出す「規範起業家」として活動することもあれば、上述した対人地雷禁止条約の制定の時に NGO がカナダ政府と協力したように、特定の政府と協調して国家間交渉においても一定の役割を果たすことも多い。力のある NGO は国際会議が開かれている場で外交官を相手に「サイドイベント」の形で NGO の主張を訴え、政策形成に影響を与えようとアピールすることもしばしばである。また、国際レジームの枠組みの中でプロジェクトを実行するときなどは NGO も実施主体として参画したり、支援したりすることもある。

NGO だけでなく、これまで細分化された国際レジームの中で作られてきた国際機構のあり方も再検討されている。例えばある国で食糧危機が起きた場合、国連の専門機関である食糧農業機構（FAO）や世界食糧計画（WFP）だけでなく、子供の健康に関しては国連児童基金（UNICEF）が担当し、食糧危機による健康問題が起きた場合には世界保健機関（WHO）が関与するなど、複数の国際機関が関与することになり、その調整が問題となる。さらに加盟国が援助国として入ってくると業務の重複や戦略の不一致などの問題が起きる。そのため、国連では現地に駐在する機関のいずれかに調整官の役割を与え、その調整官が中心となってプロジェクトを実施するといった形で活動することとなっている。

このようにグローバル・ガバナンスの仕組みは整いつつあるが、まだ十分に機能するには障害が多い。そのうちの一つが国家主権による壁であろう。人道危機などが起きている国家であっても、主権国家である以上、その国内での活動は政府の許可が必要であり、目の前で危機が起きていても対処することができないといった問題は起きている。そのため、国連では「保護する責任（Responsibility to Protect: R2P）」という概念を2005年に打ち出した。これは、国民の保護は一義的に国家の責任であるが、もし国家が国民の人権などを保護することができなければ、国際社会がその責任を負うという概念である。このR2Pの概念はまだ十分に活用されているわけではなく、現在でも国際機関による内政干渉は認めるべきではない、R2Pの概念は恣意的に運用される恐れがあり、こうしたことを認めるべきではないといった議論が根強く存在している。そのため、グローバル・ガバナンスの重要性は理解されつつも、それを実行することの困難さはまだ大きく残っている。

6. 国際レジームと国際規範の将来

国際レジームと国際規範は、ルールに基づく国際秩序を形成するうえで重要な役割を果たし、いわゆるリベラル国際秩序（LIO）の基礎をなすものである。しかし、近年、グローバルなルールに反発し、単独行動主義（unilateralism）や「自国ファースト」といった孤立主義的な立場をとり、国際的なルールを無視する国家も少なからず出始めている。

すでに論じたように、国際レジームやグローバル・ガバナンスが機能するためには、国家による自発的なコミットメントが不可欠である。その規範を尊重し、自らの行動を制御してでも長期的な利益、つまり絶対的利得を追求するという了解がなければ、国際社会はルールが存在しない、ジャングルの論理に戻ってしまう。しかし、そうした自国中心主義的な行動は、共有地の悲劇をもたらし、力の強い国家といえども不都合な結果から逃れることはできなくなる。

国際規範は一度成立しても、そこに参加する国家やNGO、そして人々がその規範を尊重しなければ、次第にすたれていく。一部の国が自己利益を最優先にした政策を展開し、彼らが「自国ファースト」規範の「規範起業家」となって、自己利益中心の国際社会の方が適切であると新たな規範を作ろうとしていく中で、その動きに同調し、「分水嶺」を超させるのか、それを食い止め、既存の規範を維持するのかは、これからの国際社会を作っていく国々や人々にかかっている。

主要参考文献

Stephen D. Krasner, "Structural Causes and Regime Consequence: Regimes As Intervening Variables", in Stephen D. Krasner (ed.), *International Regimes* (Ithaca: Cornell University Press, 1983) p. 2（スティーヴン・D・クラズナー（河野勝監訳）『国際レジーム』勁草書房、2020年）

Martha Finnemore and Kathryn Sikkink, "International Norm Dynamics and Political Change", *International Organization*, vol.52 no.4, (Autumn, 1998), pp.887-917

足立研幾『国際政治と規範――国際社会の発展と兵器使用をめぐる規範の変容』有信堂高文社、2015年

レイチェル・カーソン（青樹簗一訳）『沈黙の春』新潮文庫、1974年

Peter M. Haas, "Introduction: Epistemic Communities and International Policy Coordination", *International Organization*, Vol. 46, No.1, (Winter, 1992), pp. 1-35

西谷真規子・山田高敬『新時代のグローバル・ガバナンス論――制度・過程・行為主体』ミネルヴァ書房、2021年

G・ジョン・アイケンベリー（細谷雄一監訳）『リベラルな秩序か帝国か（上）（下）』勁草書房、2012年

7　外交の変容

白鳥潤一郎

「主権国家」と同じように「外交」もまたヨーロッパ諸国に起源があり、それが世界大に広がっていく過程で変容していったものである。かつて、同質性・貴族性・自立性を特徴とした外交の世界だが、現代の外交では、むしろ国家間の異質性や多様性が基本にあり、各国の相互依存やグローバル化が進む中でその性格や役割は変化をしている。本章では、外交という営みの性質とその変化を概観しよう。

1. 外交という営み

外交という営みの持つ本質的な困難の1つは、多くの場合、国内で満足を得ることができないということである。

他国や国際社会との間で問題が生じなければ外交は必要がない。各国はそれぞれ国内の利害をふまえて交渉に臨む。交渉が決裂しなければ、それは何らかの意味で相手に妥協したことになり、国内を100パーセント満足させることは決してない。また、外交は多くの場合一度限りの交渉で完結するものではなく、中長期的な見通しが求められる。100対0ではなく、51対49や60対40で相手に勝ったとお互いに思えるのが良い外交交渉とされるのは、自国にあまりに有利な条件の場合、交渉相手に不満が蓄積され、後に新たな問題を生じさせるからである。

国内の満足度と外交の成否が正反対となる場合もある。戦前の日本から2つの事例を紹介しておこう。一つめは日露戦争である。20世紀初頭の日露戦争は、アジアの新興国・日本とヨーロッパの大国・ロシアの間で戦われた。日本は戦場で勝利を重ねたものの、投入された国費はほとんどが戦時国債頼みであり、常備兵力の５倍を超える動員にも限界が近づいていた。ロシア国内の情勢不安もあって何とかポーツマス条約締結に至ったというのが実態であった。日露戦争勝利によって日本は列強の一員として認められ、幕末・維新期以来の懸案であった対外的な独立を達成した。しかしながら、このような事情は必ずしも国民に理解されておらず、多くの犠牲者や膨大な戦費を投入しながら賠償金を獲得できなかったことに非難は高まった。ポーツマス条約に反対する声は日比谷焼打事件に発展してしまった。

対照的に、1933年の国際連盟脱退は国民の喝采を受けて歓迎された。31年９月の満洲事変を受けて、日本は中国との二国間交渉による解決を目指したが、中国は国際連盟を通じた多国間交渉による解決を求めた。調査団派遣等を経て連盟が満洲国不承認等を確認する勧告案を採択すると、日本は連盟からの脱退を通告したのである。日本の意図は中小国からの批判が集中しやすい連盟を脱することで、英米両国との二国間交渉による協調の回復を目指すというものであった。また、連盟脱退によって直ちに日本が国際的に孤立をしたわけでもなかった。しかし、日本に続いてドイツやイタリアも連盟を脱退し、結果的にはその後の国際的孤立への道筋を付けることになったのである。

外交の失敗は国際的な孤立に繋がり、究極的には戦争に至る。そうでなくとも交渉が決裂すれば問題はそのまま放置されることになる。それゆえ、外交交渉は本質的に外国に対して妥協的な要素があり、しばしば外交当局は「弱腰」と批判される。これは構造的な問題であって避けることは難しい。逆に言えば、外交を批判すること自体はそれほど難しいことではない。重要なことは外交交渉の結果がいかなる意味での妥協かを見極め、交渉が決裂した場合に失われる利益との兼ね合いを図って議論することである。

ところで、そもそも「外交」とは何を意味するのだろうか。この問題を考える上での困難は、その多義性である。

現代的な意味での「外交」は基本的に英語の diplomacy の訳語だが、この言葉は多義的かつ曖昧に使われてきた。イギリスの元外交官で著述家のハロルド・ニコルソン（Harold Nicolson）は、『外交』の中で diplomacy が、①対外政策、②交渉、③（外交に関連する）過程と機構、④外交官という職業の一部、⑤交渉能力、という五つの意味で用いられてきたと説明している。そして、「もし「軍（アーミー）」という言葉が、力の行使、戦略の術、戦術の科学、兵士という職業、および人間の闘争的本能のどれをも意味するものとして用いられるとなると、軍事問題に関する公衆の討議は多くの誤解にみちたものになってしまうであろう」（ニコルソン［1968］6頁）と説く。

原語である diplomacy と同様に、日本語の外交も多義的であり、場合によってはそれ以上に広いとも言える。「外交」は対外政策だけでなく「外国との交際全般」を指して使われていることもあり、「経済外交」や「自治体外交」のような使用法もある。

このように多義的かつ曖昧なため、外交を論じる際にはその定義から説明が必要となる。しばしば引用されるのは先に挙げたニコルソンが紹介した『オックスフォード英語辞典』の定義（「交渉による国際関係の運営、大使が国際関係を調整・運営する方法、外交家の職務・術」）だが、これはやや古く、また現在では修正が必要な部分もある。そこで、ここでは日本の外交官による定義を引いておきたい。外務省で西欧第一課長などを歴任した後に東北大学公共政策大学院教授（休職出向）を務めていた柳淳は次のように外交を定義している。

> 外交とは、主に主権国家の行政府が、外国や国際社会との関係において、国益追求の観点から行う、実際の軍事行動に訴えるものを除いた対外的な政策とその実施である（柳［2014］26頁）。

このような定義を示した上で、柳は三つの注釈を加えている。第一に、外交の主な主体は主権国家だが、国連などの国際機関やEU（欧州連合）などの地域機構も外交主体である。その一方で国際的な影響力は大きいものの多国籍企業や国際NGO、著名な個人、国際テロ集団等は外交の主体ではなく、また草の根交流を担う地方政府、議員間の国際交流や国会での討議を通じて外交に影響を与える立法府なども外交主体には含まれない。先に挙げた「自治体外交」などは慣用的な表現であって本来の外交ではない。

第二に、軍事衝突の勃発は外交の失敗を意味するが、それは外交の終わりではなく、停戦や休戦、戦後の講和や秩序を見据えた外交の始まりでもある。「戦時外交」という言葉もあるように戦争中にも様々な外交活動は行われている。

第三に、外交政策の立案と意思決定の前提としてのインテリジェンスも外交の一部である。さらに、外交の中核は交渉にあるが、相手国政府への働きかけや国際世論を対象とするパブリック・ディプロマシーも外交に含まれる。

ここで紹介したのは「現在」の外交である。このような形が整えられるまでの経緯についても確認していくことにしよう。

2.「旧外交」から「新外交」へ？

主権国家と同じように外交もまたヨーロッパ諸国の間で発展し、ヨーロッパ諸国の世界進出と共に世界に広がり、時代を経て変容してきたものである。

ヨーロッパで外交にまつわる様々な制度や慣行が発展した理由の一つは、他を圧倒するような国家が存在せず、各国家の関係が基本的に「平等」であったことに求められる。近代的な外交が誕生する舞台となったのはルネサンス期のイタリアであったが、同等の都市国家が併存し、一国がイタリア全土で覇権を握ることはなかった。もちろん、その他にも都市国家間が比較的近距離かつ同じ言語を用いていたといった要素も無視し得ないが、最も重要なことは各国家の規模である。常駐の外交使節をはじめとした様々な制度や慣行は、その後ヨーロッパ全体に広がっていくことになる。

このようにしてヨーロッパで発展した外交は「旧外交」、アメリカの影響を強く受けて変容した第一次世界大戦後の外交は「新外交」と一般に形容される。アメリカが国際政治の表舞台に登場したことによる変化は確かに大きいが、ここでは旧外交が19世紀半ばから20世初頭にかけて徐々に変化していった事情をまず押さえておきたい。

旧外交を象徴するのはナポレオン戦争後に築かれたウィーン体制である。この時代の外交を「古典外交」と形容して高く評価した高坂正堯は、その特徴を同質性・貴族性・自立性（自律性）の３点から説明する。参加する国々は基本的にヨーロッパ諸国に限られ、ラテン語に代わってフランス語が外交上の共通言語となり、また文化を共有した国家の間で外交は展開された。交際の作法は貴族社会のそれであり、外交官には貴族も多かった。そして、他を圧倒する国家は存在せず、各国家の自立性も高かった。各国の自立性を保つ前提として「勢力均衡」が共有された目標であった。

第２章でも見たように、19世紀を通じて各国家では三つの変化が生じた。急速な近代化、国民国家化、そしてヨーロッパ諸国の世界進出の本格化である。これらの変化はウィーン体制の特徴である同質性・貴族性・自立性を徐々に失わせていくことになった。アメリカや日本の新興国としての台頭は同質性を、近代的な官僚制が整備されたことや国民国家化の進展は貴族性をそれぞれ失わせた。そして第一次世界大戦勃発に至るヨーロッパ諸国の二極化は、各国の自立性が失われつつあったことの裏返しである。第一次世界大戦の勃発は、旧外交の限界を端的に示すものであった。

今なお参照される外交論の古典『外交実務案内（*A Guide to Diplomatic Practice*）』を、イギリスの元外交官であるアーネスト・サトウ（Ernest Mason Satow）が著したのは第一次世界大戦の最中のことである。最も高い完成度で体系化されたその時に、旧外交は既に崩壊していたというのは歴史の皮肉と言えようか。

第一次世界大戦はヨーロッパで三つの帝国の崩壊を招き、そしてアメリカの参戦によって決着した。ウィルソン（Woodrow Wilson）米大統領が1918年初頭に発表した「14ヵ条」の戦後秩序構想は、「公開外交」を掲げるなど旧外交を正面から否定するものであった。ウィルソンの「14ヵ条」は、ロシア革命後に実権を掌握したレーニン（Vladimir Lenin）の「平和に関する布告」への対抗という意味合いもあった。後に冷戦を戦う両国が掲げた新外交は、旧来の外交文化や慣習の刷新を謳い、外交の世界を変えていくこととなった。

新外交を象徴する成果は国際連盟の発足である。ウィルソンは現職の大統領として初めて大西洋を渡り、第一次世界大戦後のパリ講和会議に出席する。提唱者であるアメリカが不参加となるなど、不安を抱えた船出となったが、勢力均衡を基礎とする大国間協調に代わる集団安全保障体制を基礎とする国際連盟が発足した（連盟発足後の多国間外交の進展等については第８章を参照)。

ヨーロッパに約100年の平和をもたらし、「古典外交」と言われることもある旧外交に対して、新外交の評価は概して低い。国際連盟が日本やドイツ、イタリアといった国々を抑えることができず、第二次世界大戦を防ぐことができなかったことが決定的な理由である。

サトウの『外交実務案内』と並んで参照される、外交論の古典であるニコルソンの『外交』の影響もあるだろう。ニコルソンはイギリス政府代表の一人としてパリ講和会議に参加し、その20年後に『外交』を刊行した。ニコルソンは各国の国民国家化と民主化を受け入れつつも旧外交を巧妙に擁護し、外交政策の立案と外国との交渉を峻別し、後者を職業外交官に委ねることを説いた。国民国家化が進み、さらに非ヨーロッパ世界に主権国家体制が広がった以上、外交の性質が変化することは不可避であった。『外交』の初版刊行は1939年のことであり、旧外交を特徴づけた同質性・貴族性・自立性は既に決定的に失われ、第二次世界大戦が勃発した年であった。

3. 外交活動の変化

先に挙げた柳は、旧外交の時代と現代を対比して六つの変革があったと指摘する。①外交空間の拡大と主権国家数の増大、②対外関係の担い手の多様化、③外交のテンポの速まり、④世論とメディアの重要性の高まり、⑤外交の対象領域の拡大、⑥多国間外交の増大、である。⑥で挙げられる多国間外交の増大は第８章で触れることとして、以下では、それ以外の五つの指摘を手掛かりに、同質性・貴族性・自立性が外交の世界から失われていく過程を確認していくことにしよう。

まず、①外交空間の拡大と主権国家数の増大はどうだろうか。19世紀半ばまで主権国家体制は基本的にヨーロッパ内における秩序であり、外交はあくまでヨーロッパ内で展開されていた。ウィーン体制後の「ヨーロッパ協調」を担ったのは、オーストリア、イギリス、プロイセン、ロシア、フランスの「五大国」であった。国際秩序と帝国秩序は併存し、非対称な関係を前提とする非ヨーロッパ世界との関係は厳密な意味での「外交」関係には無かった。

こうした状況を変えるきっかけとなったのは、アメリカと日本という非ヨーロッパの新興国の登場である。関係の変化を象徴するものとして交換する外交使節の格に注目すれば、例えばイギリスは1893年にアメリカと、1905年に日本とそれぞれ交換使節を公使から大使に格上げした。アメリカと日本という新興国の登場によって、外交の世界は「同質性」から「多様性」や「異質性」にその前提を徐々に変えていくことになった。

外交空間の拡大と足並みを揃えるように、その後は主権国家数の増大が断続的に続いた。第一次世界大戦後には中東欧地域にいくつかの独立国が、第二次世界大戦後には脱植民地化の進展と共にアジア・アフリカ地域に多数の国家が誕生した。冷戦終結の前後にもユーゴスラビアやソ連の解体によって国家数は増えた。20世紀初頭のハーグ平和会議に出席した国は44ヵ国であり、国際連盟に加盟経験を持つ国は63ヵ国であった。2021年現在の国連加盟国数は193ヵ国である。なお、この間に交換する外交使節の格を国家によって変えるという外交慣行は無くなり、「平等」を旨とする外交空間は世界大に広がった。若干の自治領や海外領土は残されているが、世界はほぼ主権国家に覆われるようになったのである。

しかしながら、主権国家の数が増えたことは、自立性を持った国の数が増えたことを意味するわけではない。新たに誕生した国家の多くは不安定であり、対外的には国家承認されているものの、形式的な主権国家に過ぎない「疑似国家（quasi-state）」と呼ばれる国家も少なくない。21世紀に入ってから、政府が住民保護の役割を果たさない場合に国際社会が干渉する権利を持つという「保護する責任（Responsibility to Protect: R2P）」といった考え方が定式化され、国際刑事裁判所（ICC）が設立された背景には、このような事情が存在している。

上記に加えて、一進一退を繰り返しつつ多くの国で民主化が進んでいったことも無視し得ない。民主化の影響については世論とメディアの関連でも触れるが、ここでは「貴族性」の喪失について説明しておこう。民主化が進めば外交の世界から貴族性が徐々に失われていくのは必然である。現在でも様々な外交慣行に貴族性は残されているし、会議や外交団の席次などある種の「知恵」として定着しているものもある。また、食事や音楽鑑賞といった舞台が外交に果たす役割は無視し得ない。王室外交や皇室外交が時に大きな意味を持つことは、現場に近いほど実感を持って語られることである。しかしながら、共和制を採る国々が増えると共に外交の世界からは貴族性はさらに失われ、在外公館における「贅沢」に対しては国内から厳しい視線が向けられるようになっている。

旧外交の特質――同質性・貴族性・自立性――は、第一次世界大戦勃発時には既にほとんどが失われ、それ以降もその傾向が逆転することは無かったのである。

次に、②対外関係の担い手の多様化と⑤外交の対象領域の拡大をまとめて確認しよう。外交の対象領域は、その時々に変化するものだが、相互依存やグローバル化の進展、さらには科学技術の発展に伴って拡大の一途を辿っている。専門性を求められる領域が増えたこともあって、外務省以外の他省庁が各々の専門領域で直接相手国とやり取りをする局面は日常化している。日本の在外公館を見ても、特に在米大使館は「ミニ霞が関」とも言われるように、多くの省庁からの出向者が集っている。

対外関係の担い手の変化は官僚の世界に留まるものではない。まず、各国の首脳が果たす役割は増加の一途を辿っている。一国のトップである以上、従来から首脳は各国の対外政策の最終責任者ではあったが、首脳自身が外交の現場に立つことは限られていた。パリ講和会議にはウィルソン米大統領自身が参加したが、これは現職の大統領として初めてのヨーロッパ訪問であり、例外的な出来事であった。

第二次世界大戦後になると、首脳の外国訪問は珍しいことではなくなっていく。1950年代末以降、航空路線の整備が進むと共にその頻度は上昇する。二国間外交の総仕上げとして首脳の外国訪問は多用されるようになっていく。日本の場合は、1970年代初頭まで首相のアメリカ訪問が外交のペースを決める役割を果たしていた。

画期となったのは1975年に始まった「サミット」である。ドルショックや第一次石油危機による混乱の後に、フランスと西ドイツが推進役となって西側先進諸国首脳による年１回の会合が定例化したのである。第１回の参加国は仏独及びアメリカ、イギリス、イタリア、そして日本の６ヵ国（G６）であった。第２回からカナダが加わったことでG７となり、第３回からはEC（欧州共同体）委員長も正式メンバーに加わっている。その後も様々な多国間首脳会合は増え続けている。現在では首脳の外国訪問は年中行事となっている（日本語では「サミット」の他にも「先進国首脳会議」や「主要国首脳会議」といった表記をされるが、現在では「G７」が一般的だろう）。

以上のようにまとめると、かつては職業外交官が占めてきた外交の世界でアクターの多元化が進んだというように見えるかもしれない。大きな傾向としては間違いではないが、日本の例を見ても、職業外交官が外交の世界を独占していたわけではないことは確認しておくべきだろう。国策を統合する上で元老が果たす役割は重要であり、伊藤博文のような首相経験者は対外関係に様々な役割を果たしていた。国際秩序と帝国秩序が併存する時代には、軍部が対外関係に持つ力も大きかった。また戦前戦後を通じて金融の分野では大蔵省（現・財務省）や日本銀行が主たるアクターであった。

ある時期までの外務省では、とりわけ1930年代に軍部主導の動きによる「二元外交」への反省から「外交一元化」という考え方が強かったが、相互依存やグローバル化が進む中で外務省が果たす役割に限界があることも同時に押さえる必要がある。専門性の高い外交課題や各省庁にまたがる課題が増える中で「外交一元化」を一つの省庁が担うことには無理がある。1980年代に激しかった日米貿易摩擦を例にとっても、実際に各業界の実態や市場の動向を押さえていたのは通商産業省（現・経済産業省）であり、農林水産省であった。これらの省庁と外務省が対立した場合に、方針をまとめ得るとすれば首相官邸ということになる。また、国際安全保障活動への自衛隊の参画などは防衛省の役割が重要となるが、これも防衛省のみで判断できる問題ではない。

2010年代に入ってTPP政府対策本部が内閣官房に設けられたり、2013年に国家安全保障会議が設置されたりと官邸主導による動きが活発となった背景にはこのような事情が存在している。官邸に設置された会議体を使いこなせるかは、その時々の政権次第である。小泉純一郎政権で様々な施策を進める舞台となった経済財政諮問会議は、民主党政権では活動が停止され、その後の各政権における役割はそれほど大きいものではない。国家安全保障会議も、設置した第二次安倍晋三政権後の各政権がどのように活用していくかを注視する必要がある。

最後に、③外交のテンポの速まりと④世論とメディアの重要性の高まりをまとめて確認することにしよう。先に航空路線の整備が首脳の外国訪問増加に繋がったことを紹介したが、交通・通信の両分野をはじめとする様々な技術の進化は、加速度的に外交のテンポを速め、そして変えている。

かつて本国政府の間と連絡を取る手段が限られた時代は、情報が届くまでに相当の時間がかかることから、現地に駐在する大使の役割が重要であった。電信の発展と共に事情は徐々に変わっていったが、電話やFAX、さらにはインターネットの利用が進むことで様々な情報は瞬時に飛び交うようになった。様々な交渉も、本国から出張する交渉団が担うことが多くなっている。

このような変化は外交当局に限ったことではない。湾岸戦争時にはCNN による衛星報道の衝撃が語られたが、インターネットの普及と共に世界中の人々に情報が行き渡るようになった。「言語の壁」はある程度残っているが、世界各国のメディアに自宅にいながらアクセスすることも普通になっている。政権の様々な方針を無軌道に Twitter で発信したトランプ（Donald Trump）米大統領は異例かもしれないが、外交指導者自身が Twitter をはじめとした SNS で発信し、それが世界に影響を与えるようになっている。様々な情報を見極め、じっくりと方針を検討する形で外交を進めることが難しい時代が到来しているのである。

国際世論に働きかける「パブリック・ディプロマシー」の重要性が語られるようになっているのは、このような背景が存在しているのだろう。国際世論を意識した外交がかつて展開されていなかったわけではないが、日常的に世論を意識した外交が必要となったことは、たしかに新しい事態と言えるだろう。

ただし、パブリック・ディプロマシーが対外的なプロパガンダの一環のように理解されているとすれば、問題がある。2010年代後半から、相手国政府を激しい言辞で批判する中国の「戦狼外交官」が話題となっている。日本でも一部のメディアや政府関係者が「歴史戦」と称して、政府見解とも異なる「歴史認識」を対外的に広めようと活動している。しかし、これらはあくまでプロパガンダであって成果も芳しいものとはいえない。そもそも、異なる歴史と文化を持つ国家同士の歴史認識が一致することは原理的にもあり得ないし、それは一国内でも実のところ同様である。本来のあるべきパブリック・ディプロマシーは、「プロパガンダ」ではなく対外的な「パブリック・リレーションズ（PR）」なのではないだろうか。PR にも様々な見方はあるが、ポイントを「リレーションズ」に置き、関係性の中で自分自身を見つめ直すような対外発信が求められる。

ここまで見てきたように、かつて同質性・貴族性・自立性を特徴としてきた外交の世界は、現代では国家間の異質性や多様性が基本にあり、各国の相互依存やグローバル化が進む中でその性格や役割を変化させている。それでは、より具体的に現代の外交や国際協調はどのように展開しているのだろうか。この点を考えるためには、多国間外交についても検討する必要がある。章を改めて見ていくことにしよう。

主要参考文献

君塚直隆『カラー版 王室外交物語——紀元前14世紀から現代まで』光文社新書、2021年

高坂正堯『古典外交の成熟と崩壊Ⅰ・Ⅱ』中公クラシックス、2012年〔原著1978年〕

ハロルド・ニコルソン（斎藤眞、深谷満雄訳）『外交』東京大学出版会、1968年〔原著初版1939年〕

坂野正高『現代外交の分析——情報・政策決定・外交交渉』東京大学出版会、1971年

細谷雄一『外交——多文明時代の対話と交渉』有斐閣、2007年

矢田部厚彦『職業としての外交官』文春新書、2002年

柳淳『外交入門――国際社会の作法と思考』時事通信出版局、2014年

ポール・ゴードン・ローレン、ゴードン・A・クレイグ、アレキサンダー・L・ジョージ（木村修三他訳）『軍事力と現代外交――現代における外交的課題〔原著第四版〕』有斐閣、2009年

8 国際協調の行方

白鳥潤一郎

外交の基本は二国間外交にあるが、主権国家数の増加や外交課題の拡散もあって多国間外交の持つ意味や対象領域は増している。二国間外交もその多くは多国間外交と連動しており、多国間外交の動向を押さえることなしに、現代の国際政治を読み解くことはできない。その一方で、各国家の主権を制約することも多い国際機関や多国間主義は批判に晒されることも多い。

本章では、拡大する多国間外交と地域主義の展開を確認した上で、第一次石油危機の前後を例に多層的に展開される外交の実態を紹介する。そして、最後に2010年代半ば以降の国際主義の退潮を検討することにしたい。

1. 二国間外交と多国間外交

外交の基本は二国間外交にあり、とりわけ重要な国との関係の舵取りは政権運営の要となっている。ここでは、日本の例から考えてみよう。

第二次世界大戦後の日本外交を紐解けば、独立後約20年間にわたって敗戦国としての「戦後処理」が主要課題であった。その際、まず課題となったのは各国との関係正常化である。アメリカやイギリスなどの連合国はサンフランシスコ平和条約締結に際して賠償を放棄したが、第二次世界大戦の戦場となった東南アジア諸国との間では、賠償や「準賠償」と呼ばれた経済協力に関する交渉から関係正常化は始まった。また、アメリカの意向を受けて台湾の中華民国と平和条約を締結したことから中華人民共和国とは国交が無く、分断国家となっていた韓国との国交樹立交渉は難航した。アメリカとの間でも領土問題（奄美群島、小笠原諸島、沖縄）が残され、駐軍協定の色彩が濃い日米安全保障条約（旧条約）の改定といった二国間の問題が存在していた。これらは、いずれも各国との二国間交渉を経て順次解決されていった。戦後処理は1970年前後に概ね決着したが、それ以降も外交の基軸は常に日米関係に置かれていたし、経済的に結びつきも強い隣国との安定的な関係維持も重要な課題であり続けている。

しかしながら、現代の国際政治を考える上で、二国間外交ばかりに注目していては見えない領域は増えている。地球温暖化をはじめとする気候変動問題や、SDGs（持続可能な開発目標）に関する話題が毎日のように報道されるなど、「地球規模課題（グローバル・アジェンダ）」が持つ意味や日本との関係もそれなりに注目されるようになってきた。

とはいえ、日本では依然として二国間ないし二者間――バイラテラル――の視点から外交や国際政治を眺める傾向が強いように思われる。G７サミットやG20サミット、APEC（アジア太平洋経済協力会議）なども報道はされる。しかし、力を入れた報道の中心はまず日米の二国間関係であり、中国や朝鮮半島関連のニュースがセンセーショナルに伝えられ、ロシアが北方領土関連で散発的に報じられるのが目立つというのが、日本の国際報道から受ける印象である。

ある全国紙の元外信部記者は外務省担当になった際、キャップから「「お前は日米、お前は日中、お前は朝鮮半島、お前は日本とロシアだ」と、４人の記者が担当を割り振られ、「これ以外は取材する必要ないから」と言われた」と筆者に語ったことがある。また、その新聞社では「アフリカや中東、中南米、さらにヨーロッパやインドですらも、専門記者としてやっていくのは難しい」状況が2010年代に入っても続いていたという。この記者のエピソードはあくまで一つの新聞社の少し前の姿であり、現在は多少の変化があるかもしれないが、二国間外交の積み重ねの上で外交を見る視点は根強いように思われる。

地域的にもアメリカと北東アジアの近隣諸国に視野が限定される傾向は続いている。

例えば、７年８ヵ月に及んだ第二次安倍晋三政権（2012年12月～2020年９月）の外交を評価する際に、日米関係はそれなりに安定していたが、朝鮮半島との関係構築には南北共に失敗し、ロシアとの間で北方領土問題は進展せず、米中対立が激しくなる中で日中関係の舵取りには苦慮した、といった見方は専門家の間でもそれなりに共有されているし、その評価そのものに異論があるわけではない。安倍政権が「首相案件」として拉致問題や北方領土問題の解決を掲げながら大きな成果を得られなかったことは事実である。しかし、その他の領域にも目を向けなければ現代の日本外交の実態は見えてこない。

では、どの領域を押さえることが必要かと言えば、それは多国間――マルチラテラル――の外交である。TPP（環太平パートナーシップ協定）交渉への参画やアメリカ離脱後のTPP11交渉の主導、欧州連合（EU）とのEPA（経済連携協定）などの経済分野の多国間協定締結が相次ぎ、東南アジア諸国連合（ASEAN）に６ヵ国（日本、中国、韓国、インド、オーストラリア、ニュージーランド）が加わる形のRCEP（地域的な包括的経済連携協定）交渉が進んだのは安倍政権の時代である。とりわけTPPは根強い反対論を押し切るなど相当の政治資源が注がれた。また、日本発の政策ビジョンとして例外的な広がりを見せた「自由で開かれたインド太平洋（FOIP)」が発表されたのは、日本政府主導で開催されているTICAD（アフリカ開発会議）における基調演説であった。他にも政権末期には日米豪印協議（クアッド）も本格的に始動した。このような多国間外交も視野に入れてみると、第二次安倍政権の外交も少し違った観点からの評価ができるのではないだろうか（多国間外交の視座を組み込んだ形での第二次安倍政権の外交については、第15章で改めて論じる）。

2. 拡大する多国間外交

多国間外交の主要な舞台は、国際機関（international organization：「国際組織」とも訳される）と国際会議である。19世紀以降、第一次世界大戦後の国際連盟や第二次世界大戦後の国際連合設立といった転機を経て、多国間外交はその数と重要性を増している。国際関係の制度化がある程度まで進展していると言い換えてもいいだろう。

ただし、国際機関は制度化の度合いも様々であり、WTO（世界貿易機関）の前身であるGATT（関税及び貿易に関する一般協定）のように、厳密には国際機関ではないものの事務局を持つなど事実上の国際機関として機能していた例もある。本章では、厳密な使い分けはせずに、GATTのような例も含めて国際機関として説明をする。WTOなど経済関係の諸機関については、第5章と第10章で詳細を確認して欲しい。

多国間外交が増加した最大の背景は、相互依存やグローバル化の進展に伴って、二国間では解決できない領域が増加していることである。新たな問題が浮上する度に、それが国際会議の開催に繋がり、後に国際機関や常設の会議体が設立されたり、新たなルールが定められたりといった形で制度化が進展することが繰り返されてきた。

大きな転機となったのは二度の世界大戦である。第一次世界大戦の勃発は、従来の勢力均衡と大国間協調による国際秩序の限界を示すものと考えられ、集団安全保障体制の導入を柱とする国際連盟が設立された。「秘密外交」に代わる「公開外交」の必要性が指摘されたこともあり、常設の会議体を通じた外交が展開されることになった。第2章で見たように連盟の体制は不備を抱えており、結果的に第二次世界大戦の勃発を防ぐことができなかったが、国際労働機関（ILO）や常設国際司法裁判所（PCIJ）を設立し、その他にも保健衛生領域の活動など、第二次大戦後にも引き継がれる国際協調の舞台となった。

第二次世界大戦後に設立された国際連合は、国際連盟とは異なってアメリカが参加し、さらに安全保障理事会の常任理事国には拒否権を認めるなど大国間協調の要素を導入することで、より実効的な集団安全保障体制の構築を目指した。発足後間もない段階で冷戦が始まったこともあって当初の目的は果たされなかったが、国際連盟以上に多様な活動を行い、多国間外交の主要な舞台となっている。

連盟時代に設立された機関を引き継ぐ際にも、例えばPCIJの後継である国際司法裁判所（ICJ）を憲章で国連の「主要な司法機関」と位置付けるなど、機能や位置づけの強化が図られた。また、ブレトンウッズ会議の合意によって発足した国際通貨基金（IMF）や世界銀行などの経済関係機関をはじめとして、新たな専門機関が次々に設立された。現在、国連の専門機関は15あり、WTOや国際原子力機関（IAEA）などが関連機関となっている。その他にも、総会や各理事会の下部組織も多数存在する。日本で比較的よく知られている国連児童基金（UNICEF）や国連難民高等弁務官事務所（UNHCR）などは、総会の補助機関である。長い交渉期間と批准までの時間を要したものの、国連を舞台として国連海洋法条約（UNCLOS）など、様々な多国間外交の成果も生まれている。

冷戦や脱植民地化を背景に設立された国際機関や会議体も存在する。

まず、冷戦後も存続する西側諸国を中心とする諸機関を確認しておこう。1948年にアメリカによる大規模援助受け入れのために結成された欧州経済協力機構（OEEC）や、翌49年に誕生した北大西洋条約機構（NATO）はその典型である。OEEC は61年にアメリカとカナダが加わる形で経済協力開発機構（OECD）に改組された。64年には非欧米諸国として初めて日本が加わった。その後も加盟国の拡大が続く OECD は「先進国クラブ」とも呼ばれ、G７サミットが始まってからはその事務局的な機能も果たすようになっている。また、次節で見るヨーロッパ統合が、アメリカの強い後押しを受けて展開したことも押さえておきたい。

脱植民地化を見据えた動きが比較的早かったのは、様々な制約は受けつつも一部が既に独立していたアラブ諸国である。第二次世界大戦末期の1945年３月に、エジプト、サウジアラビア、イラクなど７ヵ国を原加盟国にアラブ連盟が設立された。

その後、脱植民地化後のアジア・アフリカ諸国では、冷戦から距離を置く「非同盟運動」が盛んとなった。1961年には非同盟諸国首脳会議の第１回会合が開催され、以後は概ね３～５年程度に一度の開催が定例化している。また、脱植民地化後にも旧宗主国企業による経済支配が続いたことで、南北問題や「資源ナショナリズム」が60年代から80年代初頭にかけて注目された。実際に力を持つまでには時間がかかったが、1960年に結成された OPEC（石油輸出国機構）は第一次石油危機を引き起こすなど、80年代半ばまで圧倒的な影響力を誇った。なお、80年代半ば以降は原油取引の市場化が始まり、さらに非 OPEC 諸国の供給力が増加したことで停滞したが、現在はロシアなど非 OPEC 諸国も参加する「OPEC プラス」が一定の影響力を持つようになっている。

冷戦終結後には、国連への期待も高まった。停戦監視等を中心に細々と続けられてきた国連の平和維持活動（PKO）も、平和構築全般に対象を拡大させ、カンボジアPKOなど大規模な派遣も実施された。また、GATTが紛争解決機能を備えたWTOに改組されるなど、国際機関への注目も集まった。後述するように、地域主義的な動きが活発となったのも冷戦終結後の特徴である。

近年、最も注目を集め、各国の内政にも大きな影響を与えているのは気候変動問題である（詳細は第13章を参照）。1992年の環境と開発に関する国連会議（地球サミット）の成果として、国連気候変動枠組条約（UNFCCC）が締結され、毎年、締約国会議（COP）が開催されている。産業界の意向や先進国と発展途上国の対立など様々な思惑も絡みつつ、現在は2015年に採択されたパリ協定に基づく温室効果ガス削減に向けた取り組みが各国で進められている。その他にもテロ対策や海賊問題についても様々な多国間の枠組みが用いられるようになっている。

以上のように概略をまとめると、着実に国際関係の制度化や国際社会の組織化が進んでいるという印象を受けるかもしれない。しかし、実際には多くの限界が存在する。日本が2019年６月に国際捕鯨委員会（IWC）から脱退したように、各国家は国際機関から離脱することも可能である。国連でも1960年代半ばにインドネシアが一時的に脱退している。国連については、そもそも第二次世界大戦中の連合国が母体の組織であり、敗戦国や分断国家の加盟までには一定の期間を要したことも確認しておくべきだろう。日本は1956年、東西ドイツは1973年、韓国と北朝鮮は1991年の加盟である。加盟国数の増加もあって安保理の非常任理事国の数は1965年に６ヵ国から10ヵ国に増えたものの、本格的な安保理改革は実現しないままとなっている。

また、冷戦初期にアメリカ主導で模索された多国間の同盟ネットワーク構築は、各地域の事情の違いや複雑な利害関係もあって、NATOを除いて上手く定着しなかった。アジア地域の同盟網は、「ハブ・アンド・スポークス型」とも言われるように、アメリカとのバイラテラルな関係が主軸となっている。

機能面に注目しても、その目的が十分に果たされないことは稀ではない。ICJの強制管轄権を受け入れている国は締約国の3分の1程度（安保理常任理事国ではイギリスのみ）であり、強制管轄権の受諾宣言にはしばしば留保が付けられている。また、WTOの紛争解決機能は、アメリカが非協力的な姿勢に転じた後に大きく停滞している。さらに、PKOも「中立性（neutrality）」を原則とした活動の限界から、2008年以降は中立性とは区別される意味での「不偏性（impartiality）」を新たな原則とするようになった。全ての活動に該当するわけではないが、国連は中立的な第三者の立場から、紛争当事者として平和構築を目指す姿勢を明確にしたのである。とはいえ、その成果は必ずしも良好なものではない状況が続いている。

このように、多国間外交の進展によって国際関係の制度化がある程度進む一方で、そこには様々な限界や独特の難しさが存在している。国際機関や国際会議は多国間外交の主要な舞台だが、そこでは二国間外交と同様に激しい交渉が行われるし、交渉が決裂することは決して珍しいことではない。また、多国間外交は国際的な課題設定の場であると同時に、国家の威信を示す場ともなる。一国一票が原則の場合には小国にも出番が回ってくることで、交渉や駆け引きは時に二国間交渉以上に複雑に展開されることもあるのが多国間外交である。

3. 地域主義の進展

国際機関と同じように第二次世界大戦後、さらには冷戦後に存在感を増したのが地域主義（regionalism）である。

世界各地の地域主義の展開を見る際、しばしば参照点に置かれるのは「地域統合」で先行してきたヨーロッパである。フランス、西ドイツ、イタリアにベネルクス３ヵ国（オランダ・ベルギー・ルクセンブルク）の６ヵ国が1952年に設立した欧州石炭鉄鋼共同体（ECSC）を皮切りに、対象領域と加盟国を徐々に拡大させる形でヨーロッパの統合は進んできた。1993年のマーストリヒト条約発効によって発足した欧州連合（EU）は、共通通貨ユーロを持ち、域内の国境管理を撤廃するなど超国家的とも言い得る形の統合を進めてきた。

しかしながら、ヨーロッパを地域主義の参照点とすることには若干の注意や留保が必要である。

第一に、加盟国の主権を制約する形での地域統合を進めることと地域主義は同じではなく、超国家的な統合を進めたヨーロッパはむしろ例外的である。1967年に反共５ヵ国を原加盟国に設立され、冷戦後に加盟国を10ヵ国にまで増やしたASEANのように、超国家的な性格は乏しいものの、広範な範囲での協力を行い、独特の存在感を発揮する地域機構も存在している。

第二に、ヨーロッパ統合は単線的に進んだわけではなく一進一退を繰り返しながら深化と拡大を続けてきたものである。そして、深化と拡大が続く中で統合の性格も少しずつ変化をしている。超国家的な統合への懐疑的な姿勢が示されることはしばしばであった。

2004年に調印された野心的な欧州憲法条約は、翌年に原加盟国であるフランスとオランダで実施された国民投票で批准が否決されたことで葬り去られた。共通通貨や国境管理に関する協定でイギリスが適用除外を受けるなど、統合の例外も少なくない（そのイギリスは第５節で見るように2020年１月にEUを離脱してしまった）。さらに加盟国が中東欧地域に広がったことで、政治体制や文化の面で異質な加盟国も目立つようになった。単一の「欧州共和国」を目指すような統合は実現しそうもないが、各分野での統合はさらに進み、加盟国にEUが与える影響はより複雑となっている。

以上の点をふまえた上で、EUとしてまとまるヨーロッパ諸国が多国間外交の場で発揮する力にも注目しておきたい。イギリスの離脱によって若干その地位を低下させたものの、EUはアメリカに肉薄するGDP（国内総生産）を持ち、その経済力を背景に域外国との関係で「規制帝国」と形容されるほどの影響力を発揮してきた。また、日常的に多国間外交を実践しているEU加盟国――特に主要国――は各種の国際会議での立ち回りにも長けている。気候変動問題では、課題設定等で先行するなどヨーロッパ諸国が中心的な役割を担っている。

マーストリヒト条約に関する合意は1991年末のことだったが、同時期には世界で地域主義が進展した。大きな背景の一つは、参加国数の増加によってGATTのラウンド交渉に時間がかかるようになる中で、普遍的なルールは尊重しつつ、隣接する二国間や地域レベルでの自由貿易圏の形成を目指す動きが模索されたことである。「開かれた地域主義」を掲げるAPECは89年に設立され、93年からは首脳会合も定例化された。また、アメリカ・カナダ・メキシコによる北米自由貿易協定（NAFTA）が1994年に発効するなど、ヨーロッパのみならず全世界的に地域主義は拡大していった。ASEANもベトナムなどのインドシナ諸国が加盟したことで、東南アジア全域をほぼ包摂する形となった。

他方で挫折した試みや定着しなかった動きも存在する。マレーシアが提唱した東アジア経済グループ（EAEG）構想、アジア金融危機後に日本が提唱したアジア通貨基金構想は、そこから外れる形となったアメリカの強い反対に遭って実現しなかった。初期のヨーロッパ統合が冷戦を戦うパートナーとして西欧諸国を安定化させたいアメリカの意向もあって実現したように、地域主義には関係する域外大国の理解は欠かせない。参加国の線引き等を含めて、地域主義には独特の難しさがある。

4. 多層的・多面的に展開される外交 ——第一次石油危機の前後を例に

多種多様な国際機関や多国間の枠組みが折り重なるように存在しているのが第二次世界大戦後の国際政治である。実際の外交はどのように展開されるのであろうか。ここでは、1973年秋に始まった第一次石油危機をめぐる対応とその前後の外交を取り上げることにしたい。事例としてはかなり古い例となるが、複数の国際機関や地域機構も関係し、新しい国際機関や会議体の創設にも繋がったこともあり、改めて振り返ることで国際政治の複雑さが理解できる。

第一次石油危機は、石油市場の「売り手市場」化と第四次中東戦争を背景とし、石油輸出国機構（OPEC）による一方的な値上げとアラブ石油輸出国機構（OAPEC）による禁輸及び供給量削減措置によって生じた。前年には国際シンクタンクのローマ・クラブが、石油を含む各種資源の有限性を強調する報告書『成長の限界』を発表するなど、資源問題が一部で注目を集めつつある中で発生した危機だったが、世界は大混乱に陥った。消費国側は石油危機が発生する少し前まで、一部の先進石油消費国がOECDを舞台に、細々と事務協力を行う体制に過ぎず、需給関係が急速に逼迫する中で間隙を突かれた格好であった。

中東紛争（アラブ・イスラエル紛争）と連動する危機に対して、キッシンジャー（Henry A. Kissinger）米国務長官は一方で和平に向けて、他方で産油国に対抗する「消費国同盟」の結成に向けて動いた。これに対して、日本や西欧諸国の対中東政策は石油確保の思惑もあってアメリカと距離を感じさせるものであった。とりわけ西欧諸国は、ECとして声明を早い段階で出してアラブ諸国寄りの姿勢を鮮明にすると共に、アメリカの和平仲介や軍事行動を妨害するなど、米欧関係は一時的に緊張した。

危機発生からしばらく経過した1974年1月には、アメリカがエネルギー・ワシントン会議（石油消費国会議）の開催を呼びかけた。呼びかけの対象となったのはOECD加盟国の中で石油問題に関する議論を危機以前から行っていた諸国である。この時期になると、それまで概ね一致していた西欧諸国の姿勢に変化が現れる。フランスがアメリカ主導の動きに懐疑的な姿勢を鮮明にする一方、イギリスや西ドイツは消費国間協調参画にも積極姿勢を見せるようになっていた。しかし、西欧諸国はEC外相理事会まで結論を出すことができなかった。これに対して日本は、いち早く会議への参加を表明した。日本にとっては多国間の地域枠組みを持たない身軽さが生かされた局面と言えよう。

閣僚級会合となったエネルギー・ワシントン会議は、1974年2月に開催された。会議では米仏両国が厳しく対立する局面が続き、コミュニケのフォローアップ会合開催に関する部分をフランスは受け入れなかった。他方でイギリスや日本は、産油国との対決姿勢が色濃いアメリカの提案をより穏健な形にしようと外交努力を行った。

フランスは不参加となったものの、会議後には次官級をトップとするエネルギー調整グループ（ECG）が設置され、最終的に1974年11月、OECD傘下に国際エネルギー機関（IEA）が設立された。IEAは、加盟国に一定量の備蓄と緊急時の石油融通等を義務付けるなど、消費国全体として石油の供給危機に対する脆弱性を低下させることが意図された。その後、エネルギー問題に関するシンクタンク機能も強化されている。

IEAの本部はOECDと同じくパリに置かれ、1992年にはフランスも加盟した。

米仏関係は、NATOをめぐる問題などエネルギー資源問題以外にも緊張の火種を抱えていたが、IEA発足の約1ヵ月後に米仏首脳会談が開催され、関係もひと息つく形となった。そして翌1975年には、フランスと西ドイツが主導する形で先進国首脳会議（主要国首脳会議）が開催された。参加したのは仏独に加えて、アメリカ、イギリス、イタリア、そして日本である。首脳会合には第2回の76年にカナダが加わり、G7サミットとして年1回の首脳会合開催が定例化した（第3回から欧州委員会委員長も正式メンバーに加わる）。

第3回のロンドンサミットと第4回のボンサミットではマクロ経済政策の協調、第5回の東京サミットでは第二次石油危機への対応などが主要な議題となった。回数を重ねるごとに暗黙のルールや手続きも定まるなど官僚化も進んだが、初期のサミットは参加者も少数であり、各国首脳が真剣に経済問題と向き合う舞台となった。

以上の概略だけで混乱する読者がいるかもしれないが、実態はさらに複雑である。フランスを除く日米欧諸国による消費国間協調の試みがIEA設立に繋がった一方で、挫折した様々な試みも存在した。また、脱植民地化の進展と共に勢いを得ていた南北問題にとっても、第一次石油危機が与えた影響は甚大であった。

同時代的に注目を集めたものの、大きな成果を得られなかったのが南北問題を主軸に据えた試みである。アメリカがエネルギー・ワシントン会議を呼びかけたのと同時期には複数の国際会議の提案が行われていた。フランスは、少数の産油国と消費国を集めた会議を関係国に内々に打診していた。さらに非同盟諸国会議の議長国だったアルジェリアは、国連の特別総会開催を呼びかけていた。いずれも詳細が詰められていたわけではなかったが、非同盟諸国を背景に提案されたアルジェリア提案が多数の支持を集め、1974年4月から5月にかけて国連資源問題特別総会が開催された。

総会では「新国際経済秩序（NIEO）樹立宣言」が採択されるなど、一見すると南北問題は大いに盛り上がったものの、第一次石油危機による被害は先進消費諸国以上に非産油途上国の方が大きく、足元では「南」が結束を保てない状況が生じていた。また、サミット発足と並行する形でフランスが主導する国際経済協力会議（CIEC）も開催されたが、本格的な議論の開始も待たずに停滞し、自然消滅した。この他にも、アラブ・ユーロ対話など同時期には様々な多国間外交が繰り広げられていた。

第一次石油危機は、その影響が広範に及んだ例外的とも言える事例だが、それでも実際の外交が実に多層的・多面的に展開されていることが分かるのではないだろうか。ここではほとんど紹介していないが、各局面で様々な二国間外交も当然進められている。

本節を結ぶにあたって、G7サミットのその後について簡単に見ておこう。G7サミットは当初議題を経済問題に限定していたが、第9回のウィリアムズバーグサミットからは政治問題も主要議題となった。1970年代初頭以来断続的に続いた国際経済秩序の動揺が落ち着いたこともあり、その後のG7サミットは年中行事の1つとなった感もある。それでも、関係閣僚会合が増設されるなど、役割を変えつつ、2021年6月には第47回首脳会合開催に至っている（第46回は新型コロナウイルス感染症〔COVID-19〕のパンデミックに伴い中止）。

この間、首脳会合に1998年から2013年にかけてロシアが参加していた時期はG8サミットと呼ばれていた。しかし、政治姿勢の異なるロシアの参加が会合の性格を曖昧にした面もあり、一時期は低調に推移した。

リーマンショック後にG20サミットの首脳会合が始まったことが追い打ちをかけるとも見られたが、参加国数も多く、多様な国家が参加するG20が大きな成果を出せない中で、基本的な価値観や政治制度を共有するＧ７の役割が再評価されている。

5. 国際主義の退潮？

「国際主義（Internationalism）」の退潮は、2010年代半ば以降の国際政治の特徴の一つである。とりわけ、第二次世界大戦の戦勝国であり、国際秩序を支えた英米両国の政治的な混乱が与えた衝撃は大きい。

2016年６月に実施された国民投票で、事前の予想に反してイギリスで欧州連合（EU）からの離脱が賛成多数となった。「ブレグジット（イギリスの EU 離脱）」は離脱が三度も延期されるなど様々な混乱はあったが、最終的にイギリスは2020年１月末に EU から離脱した。ヨーロッパ統合は停滞と進展を繰り返してきたとはいえ、加盟国の離脱は初めてのことである。経過措置が取られたことで当初懸念されたほどではないが、離脱後の混乱は続いており、様々な火種を残すこととなった。

アメリカにおける2017年１月のトランプ（Donald Trump）政権成立と、大統領就任後のトランプの振る舞いはブレグジット以上に衝撃的であった。国務省や国防総省の高官ポストは空席が続き、閣僚やホワイトハウス高官の交代も相次いだ。思い付きのように発せられる大統領による Twitter 上での発信に世界は振り回され、アメリカの指導力は大きく低下した。2021年１月には、大統領選挙で敗北した後の支持者による連邦議会襲撃事件を受けて、ペンス（Mike Pence）副大統領までもが離反する事態となった（ペンスは大統領退任式に欠席し、新大統領就任式には出席した）。Ｇ７サミットもトランプ政権が続いていれば瓦解していたかもしれない。

バイデン（Joe Biden）大統領の就任やその後の展開は国際主義の復活を印象付ける。しかし、トランプ政権を誕生させたアメリカ政治の分極化が解消されたわけではないし、共和党の「トランプ化」も続いている。2024年の選挙次第でトランプの復活や、国際主義に背を向けたトランプ主義者が大統領となることは決してあり得ないシナリオではない。

そして、先行きを不安にさせるのが米中対立の深刻化である。場当たり的な大統領の言動もあって、トランプ政権の対中政策は揺れているようにも見えた。先行した「貿易戦争」は多分に大統領案件という面もあったが、そこに軍や安全保障関係者の対中強硬論が合流し、コロナ禍の発生を経て、従来の対中関与政策を否定する基調が定着した。アメリカの対中不信はオバマ（Barack Obama）政権の末期から生じ始めており、対中政策は必ずしも党派的な争点ではない。2021年１月に発足した民主党のバイデン政権は、前政権以上に強硬な対中姿勢を少なくとも立ち上がり段階では示している。

さらに、様々な国際機関の評判も芳しくなく、また機能低下が指摘されている。国際社会全体にとってはプラスだとしても、それがある国に何らかの譲歩を強いる場合には国際機関自体が攻撃対象となる。また、国際機関は一般に想像される以上に複雑な政治の場であり、必ずしも臨機応変に対応できるわけではない。COVID-19のパンデミックに際してWHO（世界保健機関）の対応に批判が集まったことは記憶に新しい。

とはいえ、国際主義や多国間外交の退潮が不可逆的なものと考えるのは早計である。

英米両国についても、そもそもイギリスはヨーロッパ統合に当初から参画していたわけではなかったし、共通通貨や共通の国境管理にも参加を見送っていた。また、孤立主義（Isolationism）はアメリカの外交政策の伝統の一つでもある。このように見れば、一つの伝統に英米両国が戻ったとも言えよう。また、グローバル化がかつて以上に進んだ結果として、その反作用もまたかつてないほどに大きくなったと見ることもできるだろう。コロナ禍に伴ってヒトの移動はしばらく停滞することが確実だが、自由な資本移動が可能な限り、グローバル化は続いていくのである。国家レベルだけでなく、サブナショナルなレベルも含めたグローバル・ガバナンスが必要となる領域はますます増えていく。

米中対立が大国間政治の復活を印象付けるのは確かである。しかし、冷戦期の二つの超大国とは異なり、米中両国の相互依存は常態化している。また、かつての米ソ冷戦のように、米中両国がイデオロギーと権力政治の両面でグローバルに争っているわけでもない。国際機関への影響力拡大姿勢に顕著なように、中国は国際秩序を全面的に変革しようとするよりは、既存の秩序をある程度受け入れつつ、その中で影響力を拡大させようという姿勢も見せている。覇権国を目指す野心と途上国の顔を使い分けるなど、中国の意図は不明確な部分も少なくない。また、国際協調の行方を占う上では、中国を中心とする緩やかな多国間枠組みである上海協力機構やBRICS（ブラジル、ロシア、インド、中国、南アフリカ）首脳会合などへの目配りも必要だろう。

そして、気候変動問題をはじめとして、米中両国の協力無くして解決が不可能な問題も存在する。第３章で見たように、キューバ危機を経て米ソ両国が核軍備管理で利害を一致させたことが、緊張緩和（デタント）のきっかけとなった。超大国間のデタントはヨーロッパにも波及し、西欧諸国と東欧諸国の交流増大にも繋がり、冷戦終結に向けた端緒の一つとなった。

振り子のように揺れる国際政治の動向を注視しつつ、対立と協調の双方の契機を見極めることが求められている。

主要参考文献

遠藤乾『統合の終焉――EU の実像と論理』岩波書店、2013年
遠藤乾編『ヨーロッパ統合史〔増補版〕』名古屋大学出版会、2014年
大庭三枝『重層的地域としてのアジア――対立と共存の構図』有斐閣、2014年
加納雄大『環境外交――気候変動交渉とグローバル・ガバナンス』信山社、2013年
白鳥潤一郎『「経済大国」日本の外交――エネルギー資源外交の形成1967〜1974年』千倉書房、2015年
神余隆博『多極化世界の日本外交戦略』朝日新書、2010年
山田哲也『国際機構論入門』東京大学出版会、2018年

9 軍備と安全保障

鈴木一人

人類の歴史が始まって以来、人間は常に集団を作り、国家を作り、戦争を行ってきた。暴力による領土の支配が統治の基礎にあり、他国による侵略から国土を防衛するために軍備を整えるが、それがしばしば他国を侵略する手段としても用いられてきた。しかし、第一次世界大戦、そして核兵器が初めて使われた第二次世界大戦を経て、人類は戦争によって国際秩序を変更することを違法とし、戦争のない世界を目指すこととなった。

その結果として、国境を越え、国家同士が戦う戦争は、第二次大戦後の長い期間で数えるほどしか起きていない。朝鮮戦争、ベトナム戦争、湾岸戦争、アフガン戦争などの国境を越える戦争は起きているが、これらはいずれも領土の割譲や国家間秩序の変更を伴うものとはいいがたく、かつてのような戦争による領土の拡大を目指したものとは言えない。

確かに国内における権力闘争の結果、内戦に発展し、武器を用いた戦いは継続的に複数の地域で繰り広げられてきた。近年でも、イエメンやリビア、シリアなどで内戦がそれに該当する。また、植民地状態からの独立を勝ち取るため、ないしは民族的な集団が自らの自決権（self-determination）を獲得するために分離独立することを目指した戦争も常に世界のどこかで起きている。西サハラやエチオピアなどで起きた紛争がそれである。さらに領土が確定していない地域において、武力によって自らの領土・領域を確保することを目指した紛争もある。中国とインドの国境地帯で起きている紛争は大国間の紛争であるため、それがより大きな戦争にエスカレートする可能性もある。また、日本の周辺でも尖閣諸島の支配をめぐって紛争にまで至っていないが平和ではない状態が生まれている。

現代においては、戦争によって国際秩序が形成されるのではなく、あくまでも現状の主権国家の共存が実現している。その背景には、国連が創設され、その憲章第二条第四項で「武力による威嚇又は武力の行使」が禁じられ、国家の「領土の保全又は政治的独立」は守られることが定められたことで、領土を掠め取る戦争がなくなったと解釈することもできる。もし国際法に違反して領土を獲得するようなことがあった場合（例えば1990年のイラクによるクウェート侵攻)、国連は国際法の違反者に対して武力による制裁を行うことができる。国連憲章第七章には「強制措置」として経済制裁などの非軍事的強制措置と、国連軍を編成して国際の平和と安全の脅威に対して武力の使用を許可する軍事的強制措置がある。イラクのクウェート侵攻に対して国連軍は編成されなかったが、安保理決議678によって「(武力行使を含む）あらゆる手段」を用いてイラクをクウェートから撤退させることが全加盟国に呼びかけられ、武力によってイラクを撤退させた。国際機関が脅威を認定し、強制措置をとることで秩序を回復することを「集団安全保障」という。

しかし、国連や集団安全保障の仕組みがあるから戦争がなくなった、という解釈はややナイーブと言えよう。世界には巨大な軍備を持つ国が多数あり、北朝鮮のように国際法や国連安保理決議に反してでも核・ミサイルを開発する国も存在する。それらの国々がありながらも、国際秩序が保たれてきたことを考える上で、第二次大戦後の軍備と安全保障の問題を考えていく必要がある。

1. 抑止とは何か

国連憲章によって戦争が違法化されたとはいえ、1990年にクウェートに侵攻したイラクや、現在でも核開発に邁進する北朝鮮があるように、武力を持つ国家がその力を用いて自らの戦略的目標を達成しようとする行動をとる可能性は常にある。その行動を止めさせるためには国際法だけでは不十分であり、何らかの力による抑止が不可欠となる。

抑止とは、「自身の意図と能力を抑止したい相手に伝達し、相手がこれを認識する」（土山、2014、P.178）ことで機能する。つまり、抑止とは、第一に、相互の「認識」によって成り立つことが重要な点である。対立する国家に対し、武力を行使することによって起こりうる結果を想起させ、その結果が甚大な損失となりうることを明確に認識させることで、武力の行使を思いとどまらせるということである。言い換えれば、どれだけ多くの防衛装備を備えても、相手にそれを上回る軍備があり、損失をいとわなければ抑止は成立しない。

第二に、「自身の意図と能力」が重要となる。「能力」は軍備だけでなく、それを扱う練度の高さや効率的な作戦運用ができるかどうかなどの要素があるが、比較的客観的に判断することが可能である。しかし、「意図」は目に見えるものではなく、その軍備がどのような目的で整備され、それをどう運用しようとしているのか、そして最終的に何を達成しようとしているのか、といったことを意味する。例えば、日本は憲法で武力による国際紛争の解決を否定している（自衛権は認めている）が、しばしば憲法の解釈が国内でも議論になるように、法律や制度も、その解釈には幅がありうるため、自らの「意図」を相手が誤って「認識」することが起これば、抑止は成り立たない。

そのため、第三に、相手に的確に「伝達」することが重要となる。どのようなタイミングでどのような内容のメッセージを発するのか、どのような「意図」を持っているのかを伝達できなければ、相互の理解は成り立たず、抑止は成立しない。抑止におけるメッセージングの重要性は、とりわけ敵対的な関係にある中では情報の流通に制約があり、誤解を生み出しやすいという環境にも由来する。例えばキューバ危機の際、アメリカは海上封鎖によって、キューバにソ連の船舶が近づくことを阻止したが、ソ連がもし封鎖線を突破すればアメリカに対して戦争を仕掛け、究極的には核戦争に至る可能性があるというメッセージと理解し、ソ連の船舶を引き上げさせた。もし、この時、ソ連がアメリカのメッセージをきちんと受け取れなかったとすれば、戦争に至っていたかもしれないとして、のちに米ソの間には首脳同士が直接意図を伝えることができるホットラインが設置されるようになった。

こうした相互の認識によって成立する抑止は不安定なものであるため、互いの意図を探り合う行動がとられる。その過程を「エスカレーションラダー」といい、国家間対立がない状態から、全面核戦争にエスカレートする過程を段階的なものとしてカーン（Herman Kahn）が提唱したものである（Kahn, 1965）。それぞれの段階で相互の認識が食い違い、敵からの攻撃に過剰に反応することで、抑止の均衡は破れ、紛争が激化する。逆にエスカレーションラダーのどこかの段階で「相応の（proportional）」な反応にとどめておくことで、紛争のエスカレートを回避することもできる。例えば、2020年1月に米軍はイランの革命防衛隊のソレイマニ司令官をドローン攻撃により殺害したが、それに対してイラン国内で報復を求める声が高まった際も、イランはイラクに駐留する米軍基地にミサイルを撃ち込むことで報復をしたと国内にメッセージを送りつつ、米軍兵士に死傷者が出ないような施設だけを狙って攻撃することで「相応の」反応をし、エスカレーションを管理した。

また、この「相応の」反応は「目には目を」といった報復による抑止、すなわち「懲罰的抑止（deterrence by punishment）」を想定しがちだが、自身の意図と能力によっては「拒否的抑止（deterrence by denial）」という抑止の方法もある。日本の「専守防衛」という概念は拒否的抑止に近く、相手の攻撃を拒否し続け、攻撃を排除するが報復は行わないことで相手が攻撃することをあきらめるという抑止戦略である。日本の場合は日米安全保障条約に基づく米軍の支援を得て、米軍が懲罰的抑止の役割を担うため、純粋な拒否的抑止とはいえないが、コンセプトとしては拒否的抑止に近い。第10章で論じるサイバー防衛などは拒否的抑止の典型例と言えるだろう。

2. 同盟と同盟のディレンマ

抑止は通常、力が均衡した国家同士で成立するといえる。しかし、勢力が常に同等の国家同士が対立するわけではないため、同盟を結び、「勢力均衡（balance of power）」を達成することで抑止を機能させ、国際秩序を安定させるというのが、国際政治における基本的な考え方である。19世紀に発達したこの同盟による勢力均衡は、「列強」と言われる欧州諸国の合従連衡に代表される同盟の組み換えによって起こっていたが、第二次大戦後はそうした不安定な同盟ではなく、米ソ超大国がそれぞれの陣営のリーダーとなり、東西両陣営に分かれる形で同盟が結ばれることとなった。

米ソ冷戦は自由主義対共産主義というイデオロギー上の対立であると同時に、米ソという超大国による軍事的対立という性格も持ち合わせていた。とりわけアメリカ側ではソ連の共産主義は世界に膨張していくイデオロギーであり、第二次世界大戦後に中東欧諸国における共産主義政権の成立は、その膨張の証拠であると捉えられたが、アメリカからは地理的に遠く離れていた。また、1949年の中華人民共和国の成立、1950年に北朝鮮の侵攻によって勃発した朝鮮戦争もそうした共産主義の膨張とみられた。それを食い止めるために、アメリカは欧州各国とは北大西洋条約機構（NATO）を、日本や韓国とは二国間の同盟関係を結ぶことで、共産主義に対抗する同盟網を構築した。また、1955年には共産主義陣営も対抗する形でワルシャワ条約機構を設立した。

これらの同盟網は19世紀の勢力均衡を目指した同盟とは異なり、イデオロギーや価値観を中心とした、より結びつきの強い国際秩序を形成する制度となった。ハンガリー動乱やプラハの春といった同盟内の反乱を武力で制圧するといったことも起きた。また、大国と中小国の「非対称同盟」として、大国が影響力を行使する一方、中小国が「フリーライダー」として同盟に依拠しながら防衛支出を低い状態で維持することも認める状態を作った。しかし、米ソ冷戦の中でそれぞれの陣営の盟主として超大国が保護を与える非対称同盟の形態は、条約に基づく制度として安定し、冷戦終焉後も国際秩序を形成するツールとして西側陣営のNATOや日米同盟などはそのまま継続されることになった。

こうした同盟の安定性が成立していたのは、冷戦という友敵関係が明白な構造があり、その中で、同盟がもたらす相互防衛のメリットが敵陣営の膨張を食いとめようとする大国にも中小国にもあったからである。同盟国一国に対する攻撃は同盟全体に対する攻撃とみなし、「集団的自衛権」を発動して共同防衛を行うことが同盟の原則である。そのため欧州やアジアの西側陣営の国々は、もし東側陣営から攻撃を受けてもアメリカが集団的自衛権を発動し、保護してくれるという確証を得やすかった。また、米ソ冷戦は核兵器による「恐怖の均衡」、つまり核抑止によって成立する側面が強くあったが、欧州やアジアの同盟国に対する核攻撃は、アメリカに対する核攻撃とみなす、という「拡大抑止（extended deterrence）」が適用されることで、核戦争からの保護への期待もあった。

しかし、米ソ冷戦終焉後は、そうした拡大抑止と集団的自衛権が実行されるという「確かさ」は失われていった。制度化された同盟は、例えば1990年代の旧ユーゴスラビア内戦におけるNATOの介入や2001年の同時多発テロ後のアフガニスタン戦争におけるNATOの活動、米中対立における日米同盟など、冷戦終焉後の国際秩序形成においても有用性が認められ、継続して存在することになった。しかし、敵からの攻撃に対して集団的自衛権を行使することも、究極の状況で核攻撃を受けた場合でも、拡大抑止に基づく「核の傘」を起動することが、米ソ冷戦時代のように期待できる状態ではない。ここに「同盟のディレンマ」が生まれる。同盟のディレンマとは、一方で同盟を結び、集団的自衛権による共同防衛を実現するためには、他国が攻撃を受けた場合、自国に犠牲が生まれてでも他国の戦争に参加する義務があるという「巻き込まれる恐怖」がある。他方で、もし巻き込まれる恐怖を避けるために同盟を軽視し、集団的自衛権を否定するならば、敵による攻撃を受けても支援を受けられないという「見捨てられる恐怖」が生じる。

この点においてユニークな同盟関係を構築しているのが日米同盟である。日本は自国の施政権が及ぶ地域に対する攻撃に対し、日米安保条約第五条に基づいてアメリカの支援を期待できるのに対し、日本はアメリカが攻撃を受けた場合でも集団的自衛権を行使する義務がないという関係にある。もともと非対称同盟である上に、日本が共同防衛義務を負わないという特殊な同盟関係ではあるが、米ソ冷戦時代では日本がアジア地域における米軍の拠点となるべく基地を提供し、また冷戦終焉後も中国との関係から、在日米軍基地の存在価値は、この特殊な同盟を支えるものとなっている。しかし、米ソ冷戦の時とは異なり、日本にも応分の負担を求める、いわゆる「バードン・シェアリング（負担分担）」の圧力は強まっており、日本が独自で行う防衛機能の強化が期待されている。

3. 安全保障のディレンマ

同盟によって互いの陣営の勢力を均衡させ、国際秩序を安定させるという意味では米ソ冷戦自体は両陣営が直接戦火を交えることはなく、均衡していたといえる（とはいえ代理戦争と呼ばれるものは多数あった）。しかし、それは伝統的な意味での勢力均衡というよりは、第二次世界大戦後の世界において核兵器とその運搬手段が国際秩序の形成に多大な影響を与えた結果ともいえる。第二次世界大戦中に広島、長崎で使われた核兵器は原子爆弾であったが、それが水素爆弾となり、より巨大な破壊力を持つことになった。そして、当初は戦略爆撃機による投下が主たる運搬手段であったが、大陸間弾道弾の開発と、潜水艦からの発射が可能になることで、第二撃能力（最初の攻撃を受けても生き残り、報復攻撃する能力）が飛躍的に高まることで、報復攻撃を受けることを前提に核兵器の先制使用を考えなければならない状況が生まれた。こうした破壊力の増強と運搬手段の変化は「相互確証破壊（Mutually Assured Destruction: MAD）」を成立させ、核抑止論の基本に据えられることとなった。

相互確証破壊による核抑止体制が定着したとはいえ、米ソ冷戦が何らかのきっかけでエスカレートする可能性は常に存在していた。そこで問題になったのが米ソの間の格差であった。1950年代にスプートニクを打ち上げたソ連は、ミサイルによる核兵器の運搬が可能になったのに対し、当時アメリカは戦略爆撃機による核兵器の運搬しかできなかったため、

「ミサイル・ギャップ」論が登場し、脆弱性を補うためにミサイル開発に邁進することになった（他方で人類初の月面着陸を競う米ソ宇宙競争も同時に進められた）。その後、アメリカは東側陣営が陸続きで欧州に兵力を投入できることから、通常兵力においては優位であると見て、核兵器による「大量報復戦略」で抑止を実現しようとした。これを「第一のオフセット（相殺）戦略」とも呼ぶ。さらに、1970年代に相互確証破壊が成立し、戦略的安定性（strategic stability）が確立したとみられたが、同時に核戦争が起きないとなると通常兵器による紛争が起きやすくなるという「安定＝不安定パラドックス（stability-instability paradox）」が生じることとなった。そのため、通常兵器で優位に立つ東側に対抗すべく、ステルス技術や兵器のネットワーク化などを通じたハイテク化を進めることでソ連の通常兵器よりも質的優位に立つことで均衡を保つという「第二のオフセット戦略」が展開された。なお、冷戦後には中国の人口や通常兵器の量で劣位に立つため、アメリカはドローンやAIなどを用いて兵器を高度化して相殺し、中国の通常兵力との均衡を図るという「第三のオフセット戦略」を実施している。

こうした、核戦力、通常兵力の格差を埋め合わせるために一方（A）が軍拡を進めると、その行為は他方（B）にとってはＢの優位性を失うという恐れを生み出す。その恐れを埋め合わせるためにＢも軍拡を進める。そうするとＢの軍拡によってＡはさらに劣位に立たされたと考え、Ａも軍拡を進めるという無限の軍拡競争が始まる。自己防衛や劣位を相殺するための戦略であるにも関わらず、それが他方にとって攻撃的なものとみられることで際限のない軍拡競争に陥ることを「安全保障のディレンマ」と呼ぶ。アメリカのオフセット戦略はまさにその一例であり、また「ミサイル・ギャップ」論以来、地球を何度も破壊できる量の核兵器が作り出されたのも、この安全保障のディレンマの結果である。

4. 軍縮・軍備管理による国際秩序

安全保障のディレンマにより、際限のない軍拡競争が進み、相互確証破壊による戦略的安定性が脅かされる状態となり、軍拡競争によるコストの増大にも米ソ両国が耐えられない状況になって来た。そのため、何らかの形で軍備管理を進め、必要のない軍備に関しては軍縮を進めるという動きが出てきた。軍備管理とは軍拡を止め、双方のバランスを維持しながら、これ以上増やさないように軍備を管理することであり、軍縮とは軍備自体の削減を目指すものであるため、両者は異なる概念である。

米ソ冷戦の下で最も懸念されていたのは、国際秩序に決定的な影響を与えうる核兵器が無限に拡散していくことであった。その破壊力と放射線被害が長期にわたって起こりうる兵器である核兵器は容易に使われるべき兵器ではなく、保有する国家を限定することで軍備を管理し、国際秩序を安定させることが重要と考えられた。そこで成立したのは核不拡散条約（Non-proliferation Treaty: NPT）である。1970年に発効したNPTは、当時核兵器を保有していた米ソ英仏中（奇しくも安保理常任理事国と同じ）の核保有を認める一方、その他の国は核兵器の保有を禁ずるという条約である。このNPTが持つ不平等性は明白であったが、スウェーデンや南アフリカなど核兵器の保有を目指していた国も、最終的にはNPTに参加し、核保有を断念した。なお、インドとパキスタン、イスラエルは当初からNPTによる軍備管理に反対し、インドは1974年、パキスタンは1998年に核実験を成功させ、核保有を宣言している。イスラエルは核の保有については公式な立場を示さないという「曖昧戦略」を採用している。

NPTをより確かなものにするため、国際原子力機関（IAEA）と

NPT締約国は包括的保障措置協定（CSA）を結び、原発などの平和目的の原子力利用施設などの査察を可能にしている。また、湾岸戦争後にイラクが大量破壊兵器を保有している疑いがあったが充分な査察ができなかったため、より強力な査察を行うための追加議定書（AP）を受け入れている国も多い。こうしてNPT体制は国際秩序の基礎として定着しているが、2003年に北朝鮮が核兵器開発をするとしてNPT脱退を一方的に宣言し、2006年に核実験に成功している。また、イランも核兵器の開発を行っている疑いがあったが、国連などの制裁の結果、2015年にイラン核合意が結ばれ、核兵器の拡散を防いだとみられている。しかし2018年にトランプ政権のアメリカが一方的に核合意から離脱したことで、イランも核兵器開発につながる活動を再開している。

1972年には弾道弾迎撃ミサイル制限条約（ABM条約）が結ばれた。弾道弾迎撃ミサイルは、大陸間弾道弾などが飛来した際、それを迎撃することで自国の都市や核兵器施設を保護し、反撃を可能にするというものである。こうした迎撃ミサイルは相互確証破壊による戦略的安定性に影響を与える可能性がある。先制攻撃をして反撃を受けても被害が出ないということになれば、先制攻撃の誘惑が高まる。そのため米ソ両国が互いの脆弱性を維持し、相互確証破壊による戦略的安定性を維持することを認める条約となった。なお、ABM条約はミサイル防衛構想を進めたジョージ・W・ブッシュ政権時代の2002年にアメリカが脱退したことで事実上死文化している。

また、同時期にSALTと呼ばれる戦略兵器制限交渉が進められ、1972年にSALT Ⅰ（戦略兵器制限条約）が米ソの間で合意された。その合意の細目を話し合うための交渉であるSALT Ⅱが続いたが、1979年のソ連によるアフガニスタン侵攻によって交渉はとん挫し、合意には至らなかった。こうした核兵器制限に向けた交渉は、レーガン政権に入って、戦略兵器削減交渉として、核軍縮に向かう交渉となり、冷戦が終焉した1991年にSTART Ⅰ（第一次戦略兵器削減条約）が合意され、米ソは核弾頭の保有を6000発、大陸間弾道弾、潜水艦発射弾道弾（SLBM）、戦略爆撃機の総計を1600機に削減することが合意された。またミサイルの多弾頭化（一つのミサイルに複数の核弾頭を搭載する）も制限されることとなった。さらに、これらの約束を実行していることを確認するための検証手続きなども定められた。ソ連崩壊後も続けられた交渉は、1993年にSTART Ⅱ（第二次戦略兵器削減条約）として合意され、2003年までに核弾頭の数を3000－3500発とすることや大陸間弾道弾の多弾頭化を禁止するなどの合意がなされたが、アメリカによるABM条約脱退によって、ロシアがSTART Ⅱの履行を停止した。しかし、アメリカが同時多発テロを受けて対テロ戦争に注力するようになったため、START Ⅱに替わる軍縮条約としてモスクワ条約（SORT）を結び、戦略核弾頭の配備数を1700－2200発にまで削減するとしたが、運搬手段については定めがなく、削減した弾頭も保管をしておくことは可能とした。

START Ⅰが2009年に期限を迎えることとなったこともあり、また、当時のオバマ大統領は「核なき世界」を提唱していたことからも、新たな戦略兵器削減条約が必要として、米ロは2010年に「新START（新戦略兵器削減条約）」に合意した。この条約では、米ロともに戦略核弾頭を1550発ずつ配備することを認めるが、配備されていない核弾頭の保有には制限がない。また、運搬手段としての大陸間弾道弾、SLBM、戦略爆撃機の配備数の総計を米ロとも700機、保有は800機までとした。この新STARTは2021年に期限を迎えることになっており、トランプ政権時代のアメリカは中国が含まれていないとして、その延長を拒んでいたが、バイデン政権が誕生したことで５年間の延長が定められた。

このように、戦略兵器の制限・削減は冷戦時代から米ロ両国の間で交渉が行われていたが、中国が軍事大国として台頭し、米中関係が悪化することでその有効性に疑問があるとアメリカは主張するようになっている。その結果、1988年に発効したINF条約（中距離核戦力全廃条約）を2019年に破棄している。このINF条約は欧州における中距離核ミサイルの配備が戦略的安定性を損なうとして、欧州での核戦争の可能性を制限し、核抑止は大陸間弾道弾によるものに限定するという考え方に基づいていた。しかし、冷戦後の国際情勢が大きく変わる中で、INF条約の考え方が現実とズレるようになったことも確かである。とはいえ、INF条約を脱退したとしても中国の中距離核戦力を制限できるわけではないため、アメリカのとった政策が軍縮・軍備管理として適切と評価することも難しい。

5. 冷戦後の軍備と安全保障

冷戦終焉後の安全保障環境は極めて大きく変化した。1990年代には旧ユーゴスラビアやアフリカ、中東において地域紛争や民族間の権力争いなどによる独立戦争や内戦が多発するようになった。そうした中で国連は「平和への課題（Agenda for Peace)」を1992年に発表し、平和維持のみならず、紛争に直接介入する形で平和創造を行うという姿勢を見せた。しかしソマリア内戦での混乱や、紛争当事者になることの問題などに直面し、平和維持活動（PKO）は文民保護のための武力行使は一定程度認めつつも、武力で紛争を強制的に止める活動には関与しない流れができている。

また、2001年に起きたアメリカ同時多発テロを発端として、イスラム過激主義や、その他の過激主義によるテロ活動が安全保障上の大きな課題となっている。少数の集団が暴力によって政治的な主張を宣伝し、政治目標を達成するというテロリズムは以前から存在するが、冷戦後のテロはその政治目標が明確ではなく、また組織や指導者が明確ではなく、インターネット上で、その思想や主張に共感する人物が散発的にテロを行い、体系だった行動をとらないことが多いため、テロ集団を発見し、監視することが難しい。さらにテロ活動は抑止が効かないという問題もある。抑止は相互に認識が成立しなければ成り立たないが、テロリストは国家を持たず、守るべき国土も国民もおらず、自爆テロの場合、自らが殺害されることすらいとわないため、抑止が成立しないのである。そのため、テロを予防するためにはインテリジェンス活動を強化し、未然に防ぐしか方法はないが、そのためにプライバシーを侵害するといった問題も起きている。

冷戦後の安全保障環境は中国が軍事大国として台頭することで、戦略的安定性をめぐる考え方が大きく変化してきている。この問題は第10章でより詳しく論じる。

主要参考文献

佐藤哲夫『国連安全保障理事会と憲章第7章——集団安全保障制度の創造的展開とその課題』有斐閣、2015年

土山實男『安全保障の国際政治学——焦りと傲り〔第二版〕』有斐閣、2014年

Herman Kahn, *On Escalation: Metaphors and Scenarios* (New York, Washington, and London: Frederick A. Praeger, 1965)

マーク・マゾワー（中田瑞穂、網谷龍介訳）『暗黒の大陸——ヨーロッパの20世紀』未来社、2015年

猪口孝、佐藤洋一郎、G・ジョン・アイケンベリー編『日米安全保障同盟』原書房、2013年

森本敏、高橋杉雄編『新たなミサイル軍拡競争と日本の防衛』並木書房、2020年

ブルース・M・ラセット（鴨武彦訳）『安全保障のジレンマ——核抑止・軍拡競

争・軍備管理をめぐって』有斐閣、1984年

10 新しい安全保障問題

鈴木一人

第二次世界大戦後の日本において、安全保障問題、とりわけ軍事的な手段による安全保障の問題は、国際政治学の中でも積極的に議論することがはばかられる雰囲気が長らく続いた。戦争の反省から、日本学術会議は「戦争を目的とする科学の研究は絶対にこれを行わない」という決議を1950年と1967年に採択し、2017年にもこれらを継承する決議を採択している。しかしながら、日本学術会議が前提としているものとは異なり、現代の戦争ないし武力行使は、70年前の大規模な市街地への空襲や戦艦同士による海戦といった戦争のイメージとは大きく異なっている。

現代の紛争には様々な形態がある。アフリカや中東諸国で展開されるような自動小銃や迫撃弾による肉弾戦を行いながら、最先端の兵器を活用して無人航空機（ドローン）による攻撃やサイバー空間での様々な情報操作といった、ハイテク技術を駆使した内戦はひとつの代表例である。また日本周辺では、世界の最貧国にも数えられる北朝鮮が核・ミサイル実験に成功し、中国はアメリカを凌ぐ科学技術力で新型ハイテク兵器を量産している。

さらに、伝統的な正規軍同士の戦いではなく、非正規軍による物理的な破壊とソーシャルメディア等を活用した情報戦の組み合わせといったハイテク技術とゲリラ戦が融合した戦術（いわゆる「ハイブリッド戦」）まで生まれている。これらの新たな安全保障の問題はいずれも科学技術の発展と連動する形で変化してきている。ここでは科学技術の問題を軸にしながら新たな安全保障の問題を整理する。

1. 科学技術と安全保障

人類の歴史における科学技術の進歩は、その多くが軍事的必要性によって生み出され、軍事的な応用によって大きく発展を遂げてきた。我々が現在享受している技術的な恩恵も、元をたどれば軍事的な目的で開発されたものが多い。携帯電話の基礎となる無線通信やスマートフォンに装備されているGPS受信機、インターネットなど、冷戦期にアメリカを中心として軍事目的で開発された技術が、生活の中に深く浸透している。

元々、軍事技術は戦争における優位性を確保するため、国家資源が優先的に投入され、とりわけ20世紀に入ってからの総力戦の時代では、技術力に加え、大量に兵器を生産できる工業力の強化が、戦争における勝敗をわける要素となってきた。そのため、軍事目的で開発された技術は機密扱いとなり、一般に流通するまでには長い時間がかかっていた。しかし、現代においては、軍事的な目的で開発された技術も素早く民生用技術として流通するようになり、さらには民生部門で発展した技術が逆に軍事技術に応用されるという傾向が強まっている。

特に後者の傾向が強いのが情報技術（IT）とロボットなどの無人機の分野である。良く知られるように、コンピュータ（電子演算器）は第二次大戦中のドイツのエニグマ暗号を解読するために開発されたことで飛躍的に発展し、その後、核ミサイルの弾道計算などに応用されたことで技術的に進化した。またインターネットも分散型のシステムを構築することで、核攻撃で一部の地域が壊滅状態になっても情報のやり取りを可能にし、軍事行動を継続するために開発された。こうした起源を持ちながらも、その技術は民生部門、特に大学や研究所などを通じて利用が広がり、民生部門では独自の技術発展を遂げてきた。その結果、軍事目的よりもはるかに多様で豊かな応用技術が展開され、その中から再度軍事技術として導入されるようになったのである。

しかし、民生技術と軍事技術の境界がぼやけてくる中で、新たな「人間本位」の安全保障上の問題も発生することになった。インターネットは既に日々の生活に深く入り込み、それなしで社会生活や経済活動を行うことが想像できないほどになっている。また当初は軍事目的で開発された宇宙インフラも、現在では天気予報やGPSによるナビゲーション、金融取引に至るまで、社会経済生活の中に組み込まれている。こうしたグローバルに展開するサイバー空間や宇宙インフラを攻撃の対象とし、その機能を奪うことで社会経済的な打撃を与えることが新たな安全保障上の課題となっているのである。

軍事的に開発された技術が民生部門に大きく普及し、グローバルな接続性を生み出すインフラとなったことで、逆にそのインフラの脆弱性が明らかとなり、軍事的な意味でも、人間本位という観点からも、安全保障上のリスクが増大しているのである。

2. 軍民両用技術

軍事部門と民生部門の技術の境目が曖昧なのは、なにもインターネットや宇宙インフラに限ったことではない。そもそもほとんどの技術は「軍民両用技術（dual-use technology）」であり、軍事目的で開発されたにせよ、民生目的であるにせよ、その有用性が確認されれば、どちらの部門でも技術は使われる。つまり、技術の軍事利用を制限するのであれば、その技術そのものを制限するのではなく、その「利用」を制限する、という方向に向かうべきであろう。

数ある軍民両用技術の中でも、とりわけ重視されているのが大量破壊兵器の開発・製造に寄与する技術である。原子力は、民生目的の利用では発電や放射線治療などの医療分野などに用いられるが、同時に核兵器を開発・製造し得る技術である。また生物学や化学の分野での研究なども、医療や製薬分野には不可欠な技術であるが、同時に生物兵器や化学兵器といった大量破壊兵器になる。人工衛星を打ち上げるロケットは「宇宙の平和利用」の一環として見られているが、その技術は核弾頭を運搬するミサイルと大きな違いはない。

これらの大量破壊兵器となり得る技術は、民生部門での利用や製品の輸出入を通じて世界に拡散していく可能性が非常に高い。限られた国家しか持たない高度な技術であっても、グローバル化した市場では、高度な技術であればあるほど比較優位をもたらし、国境を越えて拡散していくインセンティブが高い。

こうしたグローバルな大量破壊兵器関連の軍民両用技術の拡散を防ぐため、主要工業国を中心に、輸出管理レジームが形成されている。原子力技術は核供給国グループ（NSG）、生物・化学兵器はオーストラリア・グループ（AG）、ロケット関連技術はミサイル技術管理レジーム（MTCR）によって、各国の輸出管理当局（日本の場合は経済産業省）が審査を行い、これらの技術が大量破壊兵器の開発・製造に用いられないことを確認した上で輸出するという管理を行っている。こうした技術流出を管理することを「安全保障貿易管理」と呼ぶが、これは輸出管理だけでなく、留学生や研究者の交流を通じた技術情報の流出や、企業の買収を通じて技術を取得しようとする行為も管理の対象となっている。アメリカでは対米外国投資委員会（CFIUS：シフィウスと読む）が敵対する国家による買収を審査する仕組みを持っているが、日本や欧州諸国などでも類似した制度が設置されている。

しかし、グローバル化した世界では、大量破壊兵器を得ようとする国家やテロリストなどが様々な方法でこうした管理体制を迂回し、技術を入手している。北朝鮮が開発するミサイル技術には多くの管理対象技術が含まれているが、それらは様々な闇ルートを通じて入手しているとみられている。大量破壊兵器に転用可能な技術を持つ国は、単に自国からの輸出だけでなく、迂回輸出やペーパー企業を通じた調達など、多様なルートに注意を向けることが求められている。

人々の安全保障のために開発される医療技術や薬、宇宙技術が、狭い意味での軍事的安全保障に転用され、人々の安全保障を脅かす可能性がある。自由貿易が推進され、通商が飛躍的に拡大すると、そうした技術の転用リスクはさらに高まっていく。現代の科学技術と安全保障の関係は、単純に軍事技術の問題だけでは議論できない広がりを持っているのである。

3. 宇宙の安全保障

新たな安全保障の問題として重視されているのが、宇宙の安全保障である。日本では「はやぶさ」などの宇宙探査や「ひまわり」による気象情報の取得など、平和目的の利用がよく知られるが、それは日本が1969年の国会決議によって、宇宙開発は平和目的に限ると規定してきたからである。しかし、宇宙をめぐる安全保障の状況は大きく変化しており、それに対応するため、2008年に宇宙基本法が制定され、日本でも安全保障上の宇宙利用も可能になった。

こうした宇宙の安全保障をめぐる背景には、第一に、兵器の高度化が進み、核戦略だけでなく、通常兵器の運用に関しても宇宙システムが広範に使われるようになったことが挙げられる。それにより宇宙空間は、現代の戦闘行為に不可欠なインフラを提供し、その能力の有無は安全保障の趨勢に決定的な影響を与える状況となっている。

第二に、宇宙システムの重要性が増せば増すほど、敵対勢力にとって、こうした宇宙システムを攻撃するインセンティブが高まる。衛星は打ち上げ時に最も効率的になるよう限界まで軽量化されており、外部からの攻撃に対応できるような防御システムを備えてはいない。そのため、宇宙システムは軽度の衝撃に対しても脆弱で、その機能を失う可能性がある。そうした状況を逆手に取り、敵対的な勢力は相手の能力を剥奪し、自らの軍事的優位性を確立するため、宇宙システムを攻撃の対象とするインセンティブが高いのである。

さらに、宇宙空間での活動は直接目に見えるわけではなく、誰がどのタイミングで宇宙システムに対して攻撃を加えたのかを明確にすることが難しい。その行為の帰属（attribution）を証明することができなければ、攻撃に対する反撃を正当化することも難しく、反撃される可能性が低いと見られれば、より一層、紛争時に宇宙システムを攻撃するインセンティブが高まる。さらに言えば、宇宙空間にはロケットの上段や機能を失った衛星などの宇宙デブリ（ゴミ）が多数存在しており、それらが偶発的に衛星と衝突することもある。そうした事故が起こった場合でも、他国からの攻撃と誤解する可能性もある。

こうしたことを避けるために、宇宙空間の状況監視（SSA）を徹底する必要があるが、現在それが可能なのはアメリカだけであり、日本を含む同盟国はアメリカと情報共有することで、宇宙空間での衝突が意図的なものなのか、偶発的なものなのかを見極め、衝突の可能性がある場合は回避するようにしている。こうした衝突可能性がある場合、アメリカは民間企業や他国（中国やロシアを含む）にも警告を発するようにしている。宇宙空間は人類が共有する空間であり、こうした共有地でのルールが求められているが、上述したように、宇宙は安全保障目的でも使われているため、軍事目的の行動が制限されることを嫌う国々の間で調整がつかず、宇宙空間のルール作りは進んでいない。

4. サイバー空間の安全保障

サイバー空間も宇宙空間と同様、現代の安全保障の作戦領域として認識され、陸、海、空に続く「第四（ないし第五）の作戦領域」と呼ばれるようになっている。とりわけ「ネットワーク中心戦（NCW）」が現代の兵器体系の基盤となっている中で、兵器システムだけでなく、C4ISR（指揮・統制・通信・コンピュータ・情報・監視・偵察）と言われる指揮命令系統や情報収集の仕組みまで全てネットワーク化され、サイバー空間抜きに軍事的行動を取ることは事実上不可能な状況となっている。ゆえに、サイバー空間での安全保障が重要となるのだが、伝統的な安全保障とは異なる点も多くある。

第一にサイバー空間における脅威は物理的な攻撃だけではなく、特定のプログラムやネットワークそのものに対して行われ、その結果、軍事的に枢要なシステムや経済社会に不可欠なインフラを機能不全にし、何らかの形で経済的、社会的、軍事的な損害を与える行為となる。サイバー攻撃とは、大量のコンピュータによって一斉に特定のネットワークを狙い撃ちにして通信容量を超える接続要求を出して機能麻痺させるDDoS攻撃から、意図的に相手のコンピュータにウィルスを忍び込ませ、それを通じて情報を掠め取ったり、内側からネットワークを機能不全にするといった攻撃まで、様々なタイプの攻撃形態を取り得る。

また、宇宙空間における安全保障と共通する問題として、行為の帰属をめぐる問題がある。サイバー攻撃の主体を特定するためには、その攻撃が行われたコンピュータのIPアドレス（サイバー空間におけるコンピュータの認識番号）を特定する必要がある。しかし、このIPアドレスは複数のコンピュータやサーバを経由することで容易に偽装することが可能であり、実際の攻撃を行ったコンピュータを特定するまでには長い時間がかかる。そのため、実際の攻撃が誰によって行われ、その行為の責任が誰に帰属するのかを判別することが非常に難しい。それゆえ、攻撃に対する報復を行うにしても、即時に対応することは難しく、攻撃する側に極めて有利な状況となる。

宇宙空間と大きく異なるのは、サイバー空間への参入障壁が極めて低いことである。宇宙空間で何らかの攻撃を行う場合、設備や人材を確保し、その攻撃を有効なものにするための投資や準備が非常に難しい。他方、サイバー空間での攻撃は、特殊な設備や機器を必要としておらず、日常的に使っているパソコンやすでに使われなくなった旧式のパソコンであっても実行可能である。また、マルウェア（悪意のあるソフトウェア）のプログラムを書くことができれば、それを多数のパソコンに忍び込ませ、そこからボット攻撃（プログラムによって機械的に同じ攻撃を繰り返す）を展開することもできる。こうしたプログラムは多少のコンピュータ言語の知識があれば書くことができ、理論的には誰でも攻撃に参加することができる。

攻撃への参入障壁が低く、行為の帰属問題があるために攻撃側に非常に有利な構造となっている。そのため、サイバー空間では日常的に何らかの形でサイバー攻撃が行われている。当然ながら、そうした攻撃に対して、防御側も常に攻撃に対して備えがなされている（いわゆる「拒否的抑止」）。しかし、サイバー空間は特定の標的だけでなく、その標的にネットワークで繋がっている様々なサブネットワークが存在する。サイバー攻撃を避けるために、基幹的なインフラに関するネットワークは外部から遮断され、独立したシステム、すなわち、スタンドアローン

（stand alone）にしているケースが多い。しかしながら、2010年にはアメリカとイスラエルが開発したと言われるスタックスネット（Stuxnet）によってイランの核施設が攻撃された事件は、そうしたスタンドアローンのネットワークでも攻撃の対象になることが証明された。

このように、サイバー空間における攻撃は、行為の帰属問題と防御の難しさから日常的に行われているが、その攻撃は最も脆弱なポイントを標的にして行われる。これは、軍事的に枢要なシステムだけでなく、経済社会に不可欠なインフラを運営している企業や組織に対しても日常的に攻撃が行われ、それらの企業や組織に属する人物やコンピュータが常に標的になることを意味している。また、2015年に日本年金機構のネットワークが攻撃されたように、それらの企業や組織に属している人物の個人情報を得るために、直接的には関係ないネットワークまで攻撃の対象となっている。こうした「鎖の中の最も弱い環（weakest link）」を狙ったサイバー攻撃も日常化しているということを社会の構成員があまねく理解しておくことがサイバー攻撃に対する適切な防御となる。

5. 経済安全保障

近年、新しい安全保障の中でも重要性が増しているのが経済安全保障の分野である。これまで経済安全保障とは、資源の限られた日本のような国でエネルギーの安定確保を目指すためのエネルギー安全保障や、食料安全保障といったことが議論されてきたが、現代の経済安全保障とは、グローバル化が進み、サプライチェーンのネットワークが様々な国と結びつき、相互依存が高まる中で、そのサプライチェーンが突然断ち切られたり、敵対的な国家からの輸入品によって社会的混乱が引き起こされるリスクをめぐる問題を指す。

その代表的な例が第五世代通信方式（5G）をめぐる問題である。中国と対立するアメリカは中国のメーカーが提供する5Gのインフラ機器の輸入によって安全保障のリスクが高まっていると認識している。アメリカは、中国製品を動かすためのプログラムや接続機器に仕組まれたソフトウェアにわかりにくい形でコードが仕込んであり、そのコードを起動することで通信内容を傍受することが可能だと考えている。こうした通信内容の傍受が問題となるのは、中国政府が国内企業に対して、その企業が保有するデータを強制的に政府に提供させることが出来るからである。さらに、国家間対立が悪化した場合、5Gネットワークを強制的に遮断ないし無効化することも出来るのではないかという疑念もある。

しかし、同時に中国製品は質が高く、価格が安いこともあり、国際的な競争力を持っている。もし、中国製品を排除すれば、代替となる欧州各国や日本の製品は高価となり、コストがかかりすぎるため、5Gの普及が遅れるという別のリスクを背負うことになる。つまり、中国製品に依存することによる安全保障上のリスクを取るか、5Gの普及が遅れ、5Gを使ったサービスなどの開発が遅れて国際競争力を失うリスクを取るか、という選択に迫られている。

経済安全保障をめぐる問題とは別に「エコノミック・ステイトクラフト（ES)」をめぐる問題もある。ESとは、経済的な手段を使って国家的な目標を実現するという行為を指す。第5章で論じた第一次石油危機は、産油国が原油の輸出を止めたことで、イスラエルの友好国に圧力をかけ、彼らの中東政策を変更させた事例であるが、これはESの典型的な例である。また日本の海上保安庁の船舶と衝突した中国漁船の船長を逮捕した際、中国は日本に圧力をかけて船長を釈放させるため、レアアース（希土類）の輸出を停止したが、これもESと言える。

こうした経済的な圧力をかけることが可能になるのは、特定の品目を特定の国家に強度に依存している状態の時である。産油国や中国に原油やレアアースを依存している日本は、国内で代替する手段がないため、その影響を受けやすい。それを回避するためには、国内に備蓄を増やす、他の国家からの輸入を増やす、別のもので代替するという手段がある。実際、中国がレアアースの輸出を止めた際、日本はそうしたリスクを回避するため、レアアースを使うハイブリッド車を製造するメーカーが、中国からのレアアースを使わずに生産する方法を開発することで、そのリスクを低減することができた。

また、経済安全保障をめぐる問題として、新興技術（emerging technologies）の技術覇権という問題がある。これは人工知能（AI）や量子技術、先端素材など、まだ製品として十分に実用化されているわけではないが、これから安全保障の分野でも大きく影響し得る技術を誰が先に開発し、その技術を握ることができるか、という問題である。特に、AI やロボティクスは、近年、議論されている自律的殺傷兵器システム（LAWS）の開発に関わるとして、その技術の開発競争が激化している。

こうした技術覇権が問題になるのは、新興技術がまだ実用化されていないため、先に技術標準を設定することができれば、それだけ自国に有利となり、他国の製品を市場から排除しやすくなるからである。すでに述べたように、AI やロボティクスは軍民両用技術であり、軍事的利用だけでなく民生利用の方が市場が大きく、民生分野での技術開発が軍事的能力に転用される可能性は高い。そのため、先に技術標準を設定し、他国を市場から排除することで技術開発を停滞させ、結果的に安全保障上の脅威を取り除くということにもつながることになる。

6. リスク管理としての安全保障

元来、安全保障とはリスクを管理することである。外敵からの攻撃のリスクを減らすために軍備を整え、他国からの攻撃を抑止することが、これまでの安全保障の基本的な考え方であった。2001年のアメリカ同時多発テロ事件により、イスラム過激主義によるテロがリスクとして考えられるようになると、空港の警備を強化し、不審物への警戒を強め、テロリストの計画を事前に察知するためのインテリジェンスを強化してリスクに対処した（しばしばそれが行き過ぎて不当な逮捕や差別につながることもあった）。新しい安全保障の問題に関しても、いかにしてリスクを管理するのかが問題となる。

そのため、軍民両用技術を管理するための安全保障貿易管理の仕組みを整え、宇宙空間における衝突リスクや宇宙状況監視（SSA）を強化することでリスクを管理している。サイバー攻撃に対しては、サイバー防衛を強化し、重要インフラに対するリスクを管理している。経済安全保障は、グローバル化による相互依存によって生まれるリスクを備蓄などで回避し、技術覇権を握ることで市場から排除されるリスクを回避することを目指す。こうした新たな問題は、伝統的な抑止によるリスク管理ができないため、様々な手段を使ってリスクを管理しようとするが、それがうまくいかない場合も踏まえて、備えを高める必要が高まっている。

グローバル化する現代世界において、リスクはより複雑化し、リスク管理はより一層困難になっている。その困難さは国民を不安にさせ、テロリストとなりそうな移民を排除したり、敵対的な行動を起こしそうな国に対して過剰に圧力をかけようとするなど、リスクとなり得る要素を排除しようとする要求が強まってくる。それがしばしばポピュリズムと結びつき、排外的な運動としてリスクに過剰に反応した対応を取ろうとする動きに繋がっていく。

第二次世界大戦後の日本においては、「平和憲法」が平和の実現において重要であるとの認識が強く、安全保障上の脅威に対してどのように対処するかを巡って長い間論争が繰り広げられてきた。そしてそれは現実的な脅威とはかけ離れたところで国内の政治状況や価値観を巡る問題として論じられ、現実のリスクと向き合わないまま議論が展開される傾向にあった。

しかし、現実に北朝鮮は核・ミサイル開発に邁進し、中国の軍事的台頭と米中関係の悪化は日本を取り巻く安全保障環境を一層厳しいものにしている。2015年に成立した平和安保法制では、「グレーゾーン事態」と呼ばれる、武力攻撃には至らないが、何らかの形で主権が侵害されている状態についての法制化は見送られた。現代の紛争は、正規軍同士が戦うという形態のものばかりではなく、漁民に偽装した兵士が上陸したり、行為の帰属が明らかではない攻撃のような、準有事とも言えるような状態で紛争が展開される可能性は非常に高まっている。ロシアのクリミア半島の占拠やシリア内戦への関与の仕方などを見ても、こうした「グレーゾーン事態」はむしろ常態化していると言っても過言ではない。

そうした中に行為の帰属がはっきりしないサイバー攻撃や宇宙システムに対する攻撃が加わることになれば、さらにリスクは大きくなっていくであろう。また、サイバー攻撃とは言えないが、2016年のアメリカ大統領選挙でロシアがSNSなどを使って選挙介入したケースや、フェイクニュースや誤情報を送り込んで社会を混乱させるというディスインフォメーション作戦（disinformation operation）なども「グレーゾーン事態」にも至らないが、平和的な関係でもないという状態を生み出している。

こうしたリスクが現実的なものとして存在する中、日本だけでなく、世界各国で「安全保障とは何か」を改めて問い直さなければならなくなっている。伝統的な武力攻撃に対する安全保障だけでなく、新しい安全保障がもたらす新たなリスクに対する備えをどのように整備していくのかが、現代の安全保障に求められている課題である。

主要参考文献

エリノア・スローン（奥山真司、平山茂敏訳）『現代の軍事戦略入門〔増補新版〕――陸海空からPKO、サイバー、核、宇宙まで』芙蓉書房出版、2019年

土屋大洋『サイバーグレートゲーム――政治・経済・技術とデータをめぐる地政学』千倉書房、2020年

村山裕三編『米中の経済安全保障戦略――新興技術をめぐる新たな競争』芙蓉書房出版、2021年

ポール・シャーレ（伏見威蕃訳）『無人の兵団――AI、ロボット、自律型兵器と未来の戦争』早川書房、2019年

ウィリアム・H・マクニール（高橋均訳）『戦争の世界史――技術と軍隊と社会』刀水書房、2002年

福島康仁『宇宙と安全保障――軍事利用の潮流とガバナンスの模索』千倉書房、2020年

11 通商と国際金融の問題

白鳥潤一郎

第５章でも見たように、古典的な国際政治学では、経済力や経済的な活動は軍事力や外交力を支える土台ではあるが、他国との貿易や投資が国際秩序を左右するとは考えられてこなかった。通商や国際金融といった問題はあくまで経済問題であり、国際政治の課題という認識はあまり一般的ではなかったのである。こうした状況は、1970年代初頭にドルショックや第一次石油危機が生じたことで変わっていった。

他方で、第二次世界大戦後の日本にとっては、国際秩序復帰に向けて東南アジア諸国との間では賠償交渉が求められ、経済面でも主要な国際機関への加盟や西欧諸国の対日経済差別撤廃といったことが、1950年代から60年代にかけて主要な外交課題となっていた。そして、日本は経済大国化を経て、70年代の国際経済秩序の動揺以降、主要国の一員として国際経済秩序の維持・管理を担うようになった。

主要な概念や歴史的な経緯は第５章で紹介されていることもあり、本章では、主として日本の視座から通商と国際金融の問題を説明したい。また、開発協力など関連する領域についても適宜触れていく。その際、安全保障問題等とは違って、国内官庁が競合する経済問題の性格を理解するために、省庁間の関係や政策決定過程の変化についても紹介する。

1．敗戦国の「経済外交」

第二次世界大戦後を敗戦国として迎えた日本にとって、最大の外交課題は様々な「戦後処理」にあった。講和に始まり、日ソ国交回復、安保改定、日韓国交正常化、沖縄返還、日中国交正常化といった課題を並べれば、四半世紀の外交の流れが理解できることがその証左である。経済面に着目しても、戦後処理が重要だったという事情は変わらない。経済面では主要国へのキャッチアップと、経済成長のための対外的条件の整備が課題であった。敗戦国であるがゆえに必要となった経済関係の諸機関への加盟交渉、東南アジア諸国との賠償交渉等もあり、日本の対外政策に占める経済領域への関心は、諸外国に比して高かった。

1960年代末まで、経済運営上の弱点になっていたのは「国際収支の天井」である。当時の日本では、好景気になると設備投資が活発になり、機械設備や原料等の輸入が急増し、国際収支が赤字となり、やがて外貨危機に至ることがくり返された。危機克服のためには金融・財政両面での引き締め政策が必要となり、成長政策の足枷となっていた。そして、外貨節約のために貿易や資本取引は統制されていた。貿易や資本取引の自由化は段階的に進められ、それと共に各種国際機関への加盟や対日貿易差別の撤廃を実現していくことになった。

以下では、その過程を概観していくことにしよう。

サンフランシスコ平和条約発効によって、米英仏といった自由陣営の主要国との国交は回復したが、経済関係の諸機関への加盟は課題として残されていた。冷戦を戦うために自由陣営全体を強化したいというアメリカの思惑も背景に、日本はアメリカの強い後押しを受ける形で、1952年に国際通貨基金（IMF）および世界銀行、1954年に国連のアジア極東経済委員会（ECAFE）および対コモンウェルス向け援助に関するコロンボ・プラン、1955年に関税及び貿易に関する一般協定（GATT）、そして1964年に経済協力開発機構（OECD）に順次加盟していく。

戦後初期の西欧諸国は、日本の国際経済秩序への復帰に警戒的であった。同じ敗戦国である西ドイツは1951年6月にGATT加盟が認められたが、日本が仮加盟を申請した際にはイギリスが棄権し、本加盟は1955年9月にずれ込んだ。さらに、正式加盟後もイギリスをはじめとしたヨーロッパの主要国はGATT35条を援用し、日本に対する差別的な対応を継続した。

西欧諸国の対応の背景には日本に対する警戒感に加えて、日本の貿易や資本取引の自由化が遅れていたという事情も存在する。西欧諸国は主要通貨の交換性を1958年に回復し、さらに61年には国際収支赤字を理由とする為替取引規制を行わないIMF8条国に移行していた。日本は60年6月に貿易・為替自由化計画大綱を発表し、近い将来の貿易自由化と為替取引の規制撤廃に向けた方向性を示した。しかし、国際収支の均衡や産業保護との兼ね合いから、自由化はなかなか進まず、IMFの年次協議やGATT総会を舞台に日本に対する厳しい声が相次ぐことになった。

その後日本は、63年2月に国際収支を理由に輸入制限を行わないGATT11条国に、64年4月にIMF8条国に移行した。さらに64年4月には「先進国クラブ」とも呼ばれたOECDに加盟する。OECD加盟に伴って、日本は資本自由化が義務付けられることになったが、国内からの強い抵抗もあって自由化は遅れがちであった。

この間、西欧諸国の対日差別撤廃に向けた取り組みが、貿易自由化等の措置と併せて1950年代末から60年代初頭にかけて集中的に取り組まれることになった。高度経済成長を続ける中で着実に経済力も増し、日本はG10（先進10ヵ国財務相・中央銀行総裁会議）の一員ともなり、60年代半ばには経済面について主要国として認知されるようになった。こうした取り組みは、経済成長のための対外的条件の整備の一環であると共に、国際社会における主要国へのキャッチアップでもあった。

国際経済秩序への復帰や西欧諸国との関係がアメリカの強い後押しを受ける形で進んだのに対して、アジアとの関係は複雑な展開となった。

敗戦によって日本は、朝鮮半島や中国大陸という戦前期に深い関係にあった市場を失った。冷戦を背景とするアメリカの圧力から、共産党の支配する中国ではなく台湾の中華民国と平和条約を締結することになり、さらに韓国との国交正常化交渉は難航した。

北東アジアで難しい状況が続く中で、戦後初期の日本がまず目を向けたのはインドであった。1947年にイギリスから独立したインドは「中立主義」を掲げ、講和会議には参加しなかったものの、平和条約発効と同日に日印間の戦争状態の終結と正式の外交関係の樹立が確認され、早くも翌月には大使の交換が行われた。主権回復後、日本の対外投資第１号となったのはインドにおける鉄鉱石開発であり、円借款の第１号もインドであった。なお、1954年に日本はコロンボ・プランに加盟するが、そこにはスターリング圏（ポンド圏）への経済進出やインドをめぐる思惑も存在していた。コロンボ・プランに関わる技術援助を、日本の対外援助の起点の一つであった。

このように独立直後にはインドが注目されたものの、その後インド経済は不調が続き、日本の関心は他の東南アジア諸国に向けられていくことになる。東南アジア諸国との関係は賠償交渉が起点となった。サンフランシスコ平和条約は占領経験など一定の条件を満たした国に賠償請求権を認めていた。東南アジア諸国の対応は分かれたが、多くの国と賠償もしくは「準賠償」と呼ばれた経済協力が実施された。1960年代以降、賠償の支払いが終わると、順次経済協力に切り替えられていった。1960年代末になると日本の国際収支も黒字基調が定着し、対東南アジア協力は徐々に拡大していくことになった。

東南アジア諸国に実施された賠償総額は15億ドルであり、当時の日本にとって少なくない負担であった。賠償と事実上一体として実施された東南アジア諸国向けの経済協力や、賠償とは別枠とされた韓国や台湾への経済協力を含めれば総額はさらに膨れ上がる。

賠償や各種の経済協力は、戦前・戦中期の日本の歩みをふまえた戦後処理であったが、政治・経済の両面で意義が見出された。政治面から見てみよう。日本は敗戦国であり、冷戦下ではアメリカの「ジュニア・パートナー」であった。アメリカの冷戦戦略を受け入れる以上、対ソ・対中関係で独自の動きをするには限界がある。東南アジアは日本が独自のイニシアティブを取り得る例外的な地域であり、賠償や経済協力を梃子に日本は独自の東南アジア外交を展開することが可能となった。なお、1950年代半ばから日本発の地域主義構想が度々提起されたが、外貨に余裕がないことから、その多くはアメリカの資金を当てにしていたこともあって頓挫した。

経済面から見ると、賠償や経済協力は日本企業の経済進出や輸出振興の方策であった。「資源小国」である日本にとって、東南アジア諸国は輸出市場であるだけでなく天然資源の供給元でもある。対象国の多くはインフラ整備も不十分な発展途上国であり、政治的にも独立間もない国が少なくなかった。賠償や経済協力は紐付き（タイド）で実施された。また、円借款も当初は事実上、日本からの輸出に対する外貨分のクレジット供与であった。

このように賠償や経済協力を実施していた日本だが、被援助国であった過去も忘れるべきではない。1946年から1951年にかけて提供されたアメリカによるガリオア（占領地救済政府基金）とエロア（占領地経済復興基金）の援助は、約18億ドル（贈与は約13億ドル）であり、現在の価値に換算すれば10兆円を超える膨大な金額になる。

世界銀行による低金利の融資にも日本は助けられた。総額は８億6300

万ドルで、現在の価値に換算すれば約６兆円である。対象となったプロジェクトは30を超え、多数の発電所の他、鉄鋼・自動車・造船などの重工業分野、さらには東名高速道路や東海道新幹線などインフラ整備に充てられた。日本が受けた融資はインドに次いで世界第２位だという。最後の融資を受けたのは1966年であり、返済を完了したのは90年のことである。この他にもUNICEF（国連児童基金）から得た支援などもあり、復興期から高度経済成長期の半ばまで、日本は「被援助大国」であった。

以上の概観からも分かるように、GATT-IMF体制は戦後すぐに想定通りに機能し始めたわけではなかったし、日本と東南アジア諸国との関係に見られるように、発展途上国との間では自由貿易体制の枠外とも言い得る関係が築かれ、日本の経済進出が急速に進んだのが1960年代までの状況であった。

GATT-IMF体制が本格的に機能し始めたのは、西欧諸国の主要通貨が交換性を回復した1958年以降であり、非欧米諸国である日本で通貨の交換性が回復し、貿易自由化が本格的に進んだのは60年代に入ってからのことであった。60年代に西欧諸国や日本は急成長を遂げる。また、GATTではケネディ・ラウンド交渉が63年から67年に行われ、世界全体で関税率が大幅に低下した。経済的に見れば、この時期は黄金期とも言える。

不安要素がなかったわけではない。西欧諸国が復興から成長軌道に乗り、貿易が拡大する中でGATT-IMF体制が機能し始めると、1950年代末に「ドル危機」が生じた。60年代初頭に小康状態となったものの、ドルの流出は止まらず、在欧米軍経費の削減やアメリカの貿易収支改善努力、主要国の中央銀行による金プール制度など様々な「ドル防衛」策が講じられたが、60年代半ば以降、ベトナム戦争による戦費拡大やジョンソン（Lyndon B. Johnson）米大統領による巨額の財政負担を伴う福祉政策（「偉大な社会」）等の影響もあって、金＝ドル本位制は揺らいでいくことになった。

日本の対外経済政策の決定過程にも触れておこう。金融については大蔵省（現・財務省）の独擅場であったが、貿易については省庁間で立場の違いも見られた。全般的な傾向としては、自由化に積極的な外務省に対して、産業保護や育成等の観点から通商産業省（現・経済産業省）が消極的な姿勢という構図である。ただし、1950年代の半ば頃までは通商行政を担う通産省通商局は外務省出向者が幹部を占めていたことに加えて、国際機関加盟や各国との協定締結にあたって外務省条約局の持つ役割が重要であったこともあり、外務省が優位な立場にあった。この構図は60年代に入る頃から崩れていく。通産省でも国際派の官僚が育ち始め、さらに国際機関加盟や協定締結が終われば、各産業を押さえる通産省の意向は無視し得ないからである。なお、賠償及び経済協力については、日本の輸出振興策の一環として展開されたこともあり、通産省の立場が強かった。

こうした省庁間の対立をふまえつつ、政策の調整は主として自民党政権の閣僚によって担われた。大蔵・外務・通産はいずれも主要閣僚ポストであり、官僚出身者や政策通の有力議員が閣僚に就いていた。「国際収支の天井」が弱点である構図は1960年代半ばまで確固としたものであり、また対日経済差別撤廃等を通じて経済成長の対外的条件を整える一方で、国際機関加盟等を通じて先進国へのキャッチアップを目指すという基本的な姿勢は政府内で共有されていた。

2．動揺する国際経済秩序と先進国間協調体制の形成

敗戦国として第二次世界大戦後を迎えた日本だが、復興そして高度経

済成長を経て、1960年代末には自由陣営で第２位のGNP（国民総生産）を持つ「経済大国」となった。経済大国となった日本を襲ったのは、自らの経済成長の前提でもあった国際経済秩序の動揺である。

国際経済秩序の動揺への対応を通じて1970年代には、先進国間協調体制も形成された。米英両国が主導して設計され、事実上アメリカが維持していた国際経済秩序は、アメリカを筆頭とする主要国が協調して支える体制へと変革されたのである。日本はこの過程に非欧米諸国で唯一の経済大国である主要国の一員として参画していくことになった。

前提として押さえておくべきは、第５章でも紹介されている「開放経済のトリレンマ」である。①自由な資本移動、②固定的な為替、③自律的な金融政策は三つ同時に満たすことができない。第二次世界大戦後の通貨秩序は、度重なる通貨危機に見舞われながらも固定相場制が維持されてきた。固定相場制から変動相場制に移行すれば、自由な資本移動がより進むことになる。資本の自由移動によって、企業はより生産効率が高い場所への移動が可能となり、グローバル・サプライチェーンの構築も進む。現在に繋がるグローバル化の起点となったのは、主要国の変動相場制への移行である。

国際経済秩序の動揺は、ニクソンショックと第一次石油危機という劇的な形で突き付けられた。

1971年８月、ニクソン（Richard M. Nixon）米大統領は、金とドルの兌換停止、10％の輸入課徴金の導入、90日間の賃金・物価の凍結を柱とする新経済政策を記者会見で突如発表した。主要国との事前調整もなく発表されたことは衝撃を倍加させるものであった。西欧諸国が次々と外国為替市場の閉鎖に踏み切る中で、日本の対応は遅れた。急速に成長する中で円への切り上げ圧力が強まりつつあったことを読み誤っていたのである。大蔵省内部では60年代末に円切り上げの検討も行われたが、円高による国内産業への打撃が懸念され、円切り上げはタブー視されていた。

その後主要国間の交渉を経て同年12月には、新たな固定相場が定められた（スミソニアン合意）。円の切り上げ幅が最も大きく、16.88％の切り上げとなり、１ドルは360円から308円となった。また、為替変動幅は上下１％から2.25％に拡大された。一応の合意はできたものの、国際通貨体制の改革に向けた方向性も決まっておらず、さらにドル不安が解消されなかったことで、1973年に入るとヨーロッパ諸国で通貨危機が発生し、２月から３月にかけて主要国は変動相場制に移行することとなった。その後も日本は固定相場復帰を念頭に調整を続けたが、第一次石油危機の発生によって状況は大きく変わることとなった。

第一次石油危機とその影響については、第８章第４節（「多層的・多面的に展開される外交——第一次石油危機の前後を例に」）で触れた通りである。ここでは日本からの視点と、通貨問題に絞って見ておこう。

石油のほぼ100％を輸入に頼る日本は、危機勃発直後には中東政策をめぐってアメリカと対立したが、アメリカの和平工作は支持し、さらに新中東政策についてもアメリカの「理解」を取り付けていた。そして危機がある程度収束した1973年12月から始まる、アメリカ主導の消費国間協調の動きには積極的に参画していった。この動きは74年11月の国際エネルギー機関（IEA）設立に結実する。

第一次石油危機は「量」と「価格」の両面の危機であった。日本で一般の注目が集まったのは量をめぐる問題であったが、経済に与えた影響としては価格がより深刻だった。原油の公示価格は1973年の１年間に約４倍となり、また価格の決定権は国際石油資本から産油国に移行した。

価格メカニズムが働いたことや、石油危機に伴って世界中で深刻な不況が生じたことによって需要はある程度低下したものの、消費国の国際収支は大幅に悪化した。消費国の国際収支悪化は、言い換えれば産油国に巨額の外貨が流れ込んだということである。当時は通貨の流通量も限られており、金融市場に与える影響も大きかった。ユーロダラー市場は1960年代から一定の存在感を持つようになっていたが、第一次石油危機を経て、その影響力はますます拡大した。欧米の金融機関に預けられた産油国の外貨は、発展途上国に貸し付けられ、80年代以降相次いだ累積債務危機に繋がった。このような危機の一方で、資本の自由移動がさらに進み、通貨供給量も増えることで80年代にグローバル化は大きく進展することとなった。

ニクソンショックでも第一次石油危機でも、実際の対応を議論して政策調整を行う舞台となったのは既存の国際機関ではなく、非公式なグループであった。通貨については1960年代半ばに発足したG10（アメリカ、イギリス、フランス、西ドイツ、日本、イタリア、カナダ、オランダ、ベルギー、スウェーデン）、石油についてはOECD石油委員会のハイレベルグループ（アメリカ、イギリス、フランス、西ドイツ、日本、イタリア、カナダ、オランダ、ノルウェー）などが中枢メンバーであった。通貨問題については、発展途上国等の不満もあって、IMF総会の場で20ヵ国委員会（C20）の設置が決まったが、参加国数が多いC20では機動的な対応は困難であった。なお、この間、「ライブラリー・グループ」とも言われる５ヵ国（アメリカ、イギリス、フランス、西ドイツ、日本）のインナーグループ会合（G５：先進５ヵ国財務相・中央銀行総裁会議）も定期的に開催された。

「ライブラリー・グループ」も源流の１つとして、1975年11月に開催されたのが先進国首脳会議（主要国首脳会議）である。通貨問題を主要議題に、G５構成国にイタリアを加えた各国首脳が一堂に会した。翌年の第２回会合でカナダが加わってG７サミットとなった首脳会合は、その後定例化していくこととなった。G５はその後もサミットとは別に開催されていたが、1986年からはサミットと構成国を同じくする形となった。

当初は経済問題に限定されていたG７サミットは、マクロ経済政策の協調やエネルギー問題などを主要議題としつつ年１回の開催が定例化した。第３回のロンドンと第４回のボンではマクロ経済政策の協調が、第５回の東京では第二次石油危機を受けたエネルギー資源問題への対応が議論され、一定の合意を得た。

これらの成果が経済の実態にどれだけ影響を与えたかは議論が分かれるが、国際経済秩序が動揺する中で西側の主要国が一致結束する様子を示す政治的効果は決して小さなものではなかった。その後、国際経済問題に一定の落ち着きが見られてからは、政治問題も主要議題として取り扱うようになり、現在に至るまで先進国間協調を象徴する舞台となっている。

3. 経済摩擦の時代

1980年代のG７サミットには隠れた議題が存在していたとも言われる。「日本問題」である。

二度の石油危機を他国と比べて早期に克服した日本は、台頭する経済大国として警戒され、「集中豪雨的」とも言われた輸出攻勢で、世界各国と貿易摩擦を引き起こした。貿易摩擦は経済摩擦に発展し、非欧米諸国で唯一の経済大国という「異質」な国家として「文化摩擦」も喧伝されることとなった。また、欧米諸国との摩擦に先立つ形で、1970年代半ばにかけて、賠償や経済協力を梃子に経済進出をしていた東南アジア諸国からも強い反発を受けた。

1970年代初頭から90年代半ばまで世界から日本に向けられた警戒感は、2010年代に入ってから中国に向けられるものと似たものであった。しかしながら、日本は経済資源を軍事力に転化することには慎重であり、政治資源の多くを、各国——とりわけアメリカ——との経済摩擦を軽減することに費やすこととなった。

日米間では、繊維問題をめぐる摩擦が散発的に生じていたが、より本格的な摩擦は1970年代後半から始まる。自動車問題を皮切りに、次いで牛肉・オレンジの市場開放が問題となり、85年にはエレクトロニクス、電気通信、医薬品・医療機器、林産物、輸送機器の各分野を取り上げるMOSS協議（市場志向型分野別協議）が始まった。そして89年には前例の範囲を対象とする大規模な二国間協議として日米構造協議（SII）に発展した。

日米経済摩擦をめぐる政治過程は錯綜している。相互依存が深化することで両国の内政が対外政策に与える影響も大きくなっていた。1970年代末からは同盟国としての「負担分担」も課題となり、防衛摩擦も喧伝されていたが、同盟管理を旨とする外務省及び防衛庁と国務省及び国防総省の間では緊密な連携が保たれており、80年代半ばまでに防衛摩擦はある程度まで落ち着いた。これに対して、市場における競争相手という関係にある経済問題は難しい状況が続いた。通産省が前面に立つ形となったが、これに対する商務省や通商代表（USTR）の姿勢は極めて厳しかった。FSX（次期支援戦闘機）をめぐる問題のように、経済問題が安全保障問題に波及する事例もあった。案件や年によって若干の違いはあるものの、毎年のＧ７サミットの前に日本側が対策を取りまとめる形で目の前の摩擦に対応するというのが基本的なパターンであった。

攻めるアメリカと守る日本という構図が基本ではあったことは間違いない。日本からの輸入急増や日本市場の閉鎖性に対する不満を持つアメリカの生産者や企業が議会を動かし、政治の舞台に問題が引き上げられたのである。他方で、日本側にもアメリカからの「外圧」を利用して国内の改革を進めようという考えが存在していたことを見逃すべきではないだろう。一般論として貿易の自由化は国内の生産者にとって脅威となる一方で、多数の消費者にとっては利益となる。このような複雑な状況を各省庁のレベルで調整するのは困難であり、多くの場合に省庁間の利害も対立する。結果として、貿易摩擦は多数の族議員を抱える当時の最大派閥・経世会（竹下派）を中心に、自民党が調整役を担うこととなった。

日本の国際収支黒字が巨額となり、各国との経済摩擦や負担分担を求める声が高まったことは、金融・財政や援助にも影響を与えた。変動相場制を運用していく過程で、課題となったのはマクロ経済政策の協調である。第3回（ロンドン）と第4回（ボン）では、「機関車論」が主要議題となり、日本は世界経済の牽引役として拡張的な政策を採ることを約束した。マクロ経済政策の協調としてより象徴的なのは、1985年9月の「プラザ合意」と87年2月の「ルーブル合意」である。円高基調が定着し、この頃から日本企業の現地生産化が加速することになった。

また、「黒字減らし」のために1970年代末からODA（政府開発援助）予算の量的拡大が始まった。賠償の延長線上にあった二国間の経済協力も拡充されたが、それに加えて国際機関向けの拠出も増え、80年代に深刻化したラテンアメリカ諸国の累積債務危機の収束に利用されたとも言われる。79年からは対中円借款も始まり、中国の「改革開放」を支える役回りを担った。日本のODA予算は、89年には世界第1位となる。

4. グローバル化と地域主義

第４章でも見たように、経済面に注目すれば、冷戦の終結は市場経済の地理的な拡大を意味した。「改革開放」を進める中国や、「ドイモイ」を掲げたベトナムなど先行する地域も存在したが、旧ソ連圏を中心に市場経済への移行が急速に進んだことはグローバル化の進展を印象付けるものであった。1991年にはインドも経済の自由化に舵を切った。日本でも金融市場の開放が90年代半ばから2000年代初頭に行われた。

通商と金融の観点から冷戦後を眺めると、グローバル化と地域主義が並行的に進んだ点に特徴がある。アジア金融危機や世界金融危機など難しい局面もあったが、結果としてはこれらの危機は新たな協力枠組みの形成にも繋がった。アジア金融危機後にはＧ７に新興国を加えたG20の財務相・中央銀行総裁会議が始まると共に、アジアにおける地域主義的な協力も見られた。世界金融危機後にはG20サミットが開始された。

ウルグアイラウンドは1994年に妥結し、GATTを発展的に改組し、紛争解決機能を備えた世界貿易機関（WTO）が発足した。普遍主義的なアプローチに時間がかかる中で、アメリカは一方で日米経済摩擦のように二国間で圧力をかけ、他方で北米自由貿易協定（NAFTA）のような地域主義のアプローチを併用した。日本も、中国のWTO加盟を後押しつつ（2001年に加盟）、地域主義を推進していくこととなった。

西欧諸国が地域統合を進めつつ戦後を歩んだのに対して、1960年代初頭まではアジアとの経済関係を重視する地域主義の模索も見られたものの、日本の基本的な姿勢はGATTを重視する普遍主義であった。その日本が水面下でイニシアティブを取って開始されたのがAPEC（アジア太平洋経済協力会議）である。1989年に閣僚会議として始まり、93年からは首脳会合が定例化された。日本の視点から眺めると、APECには二つの特徴がある。第一に、「開かれた地域主義」を掲げているように、従来の普遍主義と対立しない形の地域主義の模索であった。第二に、通産省が主導し、オーストラリアを動かす形で展開した。

21世紀に入る頃から日本も普遍主義を尊重しつつ、同時に地域主義を進めるアプローチを採るようになる。グローバル化が進む一方で、WTO シアトル会議やG7サミットへの抗議運動も活発となる。また加盟国の多い WTO における協議は難航し、2001年に始まったドーハラウンドは成果を出せなかった。こうした中で地域主義的な動きが世界全体で加速することとなった。日本も2002年に締結されたシンガポールとの協定を皮切りに、本格的に取り組みを進めた。この動きを牽引したのは通産省（2001年からは経済産業省）であったが、外務省も徐々に立場を変えていった。

日本に対する警戒感もあって、1990年代のアジア地域主義の試みには挫折したものも少なくない。マレーシアが提唱した東アジア経済グループ（EAEG）構想、アジア金融危機後に日本が提唱したアジア通貨基金構想は、そこから外れる形となったアメリカの強い反対に遭った。このような状況が変わっていくのが2000年代であった。アメリカ経済が復調し、日本経済がバブル崩壊後の後遺症に苦しむ中で日本に対する警戒感は和らいだ。

その一方で WTO 加盟後に中国は「世界の工場」として発展を遂げていった。こうして、2000年代末には様々なメガ FTA 構想が打ち出された。第15章でも取り上げるが、TPP（環太平洋パートナーシップ協定）や RCEP（地域的な包括的経済連携協定）といったメガ FTA の交渉に日本も参画し、さらに EU との間でも交渉が進められ、それぞれ妥結した。日本政治の変化もあり、日米間を中心とした経済摩擦の際に際立った省庁間の対立はそれほど大きくはならなかった。

この間、援助をめぐる日本の政策にも変化が見られた。ODA 予算が世界第１位となり、「援助大国」とも言われた日本だが、日本の援助は基本的に個々のプロジェクトを積み重ねていく方式であり、全体として理念に欠けていた。また、欧米諸国の圧力をかわすために援助額を増加させる受け身の姿勢には限界があった。

ODA に関する検討は1980年代末から進められ、88年５月に公表された「国際協力構想」では、量的側面に重点を置きつつも、発展途上国に対する「人道的考慮」と「相互依存」の認識を基本理念に据えることが掲げられた。1992年６月には ODA 大綱が策定され、国際協力構想で掲げられた二つに、「環境の保全」と「開発途上国の離陸に向けての自助努力の支援」が援助の基本理念に加えられた。

経済摩擦が終息する一方で日本経済の停滞が続く中で、それまで拡大が続いてきた ODA 予算も削減が求められた。多額の円借款返済が見込まれ、支出総額こそある程度維持されたものの、1998年以降、日本の ODA 予算は2010年代に入る頃まで減少の一途をたどった。こうした事態に対応するために、90年代末から2000年代前半にかけて検討が行われ、「平和構築」と「人間の安全保障」への取り組みを盛り込むと共に、「地球規模課題」への取り組みも、2003年に策定された新 ODA 大綱の基本方針に掲げられることとなった。

東南アジア地域への経済進出の一環として始まり、1970年代後半からは「黒字減らし」の手段ともなった日本の援助政策は、21世紀に入る頃から、その姿を変え始めたと言えるだろうか。その援助の世界も、中国の台頭によって変わりつつある。中国主導で2014年に設立されたアジアインフラ投資銀行（AIIB）には、西欧諸国を含む多数の国が参加したが、日米両国は参加を見送った。

2010年代後半には、中国やインドといった新興国が台頭する一方で、第二次世界大戦後の開放的な国際経済秩序を牽引した英米両国を中心に国際主義の退潮が見られるようになった。世界金融危機の直後には存在感を発揮したG20サミットだが、その後は年中行事の一つとなっている。新興国の台頭によってその意義が再確認されつつあったG７も、多国間外交を嫌うトランプ（Donald Trump）政権下では危機に瀕した。アメリカの非協力姿勢もあってWTOの紛争解決機能は一時的に機能停止に陥った。各国の内政と直結するだけに、通商と金融をめぐる問題は安全保障問題以上に複雑である。米中対立が本格化する中で、国際経済秩序の行方を見通すことが困難な状況が続いている。

主要参考文献

荒木光弥（末廣昭、宮城大蔵、千野境子、高木佑輔編）『国際協力の戦後史』東洋経済新報社、2020年

五百旗頭真編『戦後日本外交史〔第３版補訂版〕』有斐閣、2014年

上川孝夫、矢後和彦編『新・国際金融テキスト２　国際金融史』有斐閣、2007年

高橋和宏『ドル防衛と日米関係――高度成長期日本の経済外交1959～1969年』千倉書房、2018年

田所昌幸『「アメリカ」を超えたドル――金融グローバリゼーションと通貨外交』中公叢書、2001年

田中素香、岩田建治編『新・国際金融テキスト３　現代国際金融』有斐閣、2008年

山本満『日本の経済外交――その軌跡と転回点』日経新書、1973年

12　国際人口移動をめぐる諸問題

高橋和夫

「若き血に　燃ゆる者……常に新し」 慶應義塾大学の応援歌

図12-1　ストリート・アーティストのバンクシーがドーバー海峡に面する北フランスの都市カレーの難民キャンプの壁に描いた絵、アップル社の創業者のスティーブ・ジョブズが難民として描かれている。(2015年12月)
写真提供　ユニフォトプレス

1. 国境を越える人々

2015年にシリアからスマートフォンを片手にヨーロッパに難民として逃れる人々が多かった。シリア人が難民を受け入れたドイツのアンゲ

図12-2
ドイツのメルケル首相と一緒に携帯電話のカメラで写真を撮影するシリア難民（2015年）
同首相は多くの難民の受け入れを決定し、一部から激しい批判を浴びた。
写真提供　ユニフォトプレス

図12-3
スマートフォンを見るシリア難民の母と子（2015年）
写真提供　Matt Candy/Getty Images

ラ・メルケル首相とのツーショットを自分の携帯電話のカメラで撮影する写真は、21世紀の始まりを象徴する風景だろうか。図12-2の写真のようにである。あるいは、スマートフォンに見入るシリア難民の母と子の写真も時代の姿を切り取っている（図12-3）。シリア難民の多くはスマートフォンに導かれてヨーロッパを目指している。そのスマートフォンほど、シリアからの難民にふさわしい物はないだろう。なぜそう筆者が思うのか。ヒントは、前ページのバンクシーの描いた絵である（図

12‐1)。その答えを、本章の終わりで論じたい。

さて人は、様々な動機から国境を越える。移民として難民として出稼ぎ労働者として旅行者として留学生として国境を越える。そして人の国境を越える移動は送り出す国と受け入れる国に社会的な政治的な経済的な影響を与える。まず、その移動の実態を見よう、次に、その理由を考え、第三に人の移動の生みだす否定的な影響に筆を進め、最後に積極的な面に言及しよう。

国境を越える人々の動きに関しては、「移民のための国際機関(International Organization for Migration：国際移住機関)」が多様な統計を提供している。この機関を、英語の略名のIOMとして言及しよう。IOMによれば、2019年の移民の数は世界全体で2億7千万人を超えている。これはインドネシアの総人口に相当する。あるいはアメリカの総人口を3億3千万とすると、その8割ほどである。世界の総人口を78億人とすると、その3.5パーセントに当たる。大まかに言えば世界の人口の30人に1人は移民ということになる。大変な数の人々が国境を越えているわけだ。しかも、図12‐4が示すように、これは、この年限り

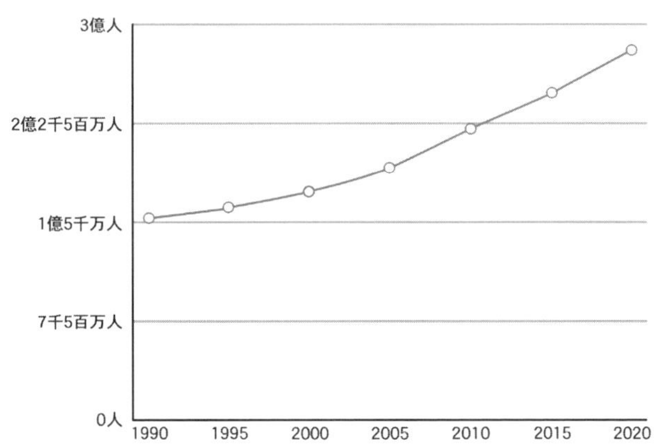

図12‐4　世界の移民数の推移
出典　IOM Webサイト“MIGRATION DATA PORTAL”
(2021年6月30日アクセス)

の特殊な現象ではない。毎年毎年多くの人々が移民となり、その数は年々増加している。なお2020年の新型コロナウイルスの蔓延（まんえん）が、この現象に与えた影響に関しては、本章執筆の時点ではデータが存在しない。おそらく移民の数の増加にブレーキはかけたものの、現象自体は続いているものと推測される。

移民ではなく、難民という分類に入る人々は、どのくらいの数いるのだろうか。これも同じIOMによれば、2019年の数値は2040万人である。

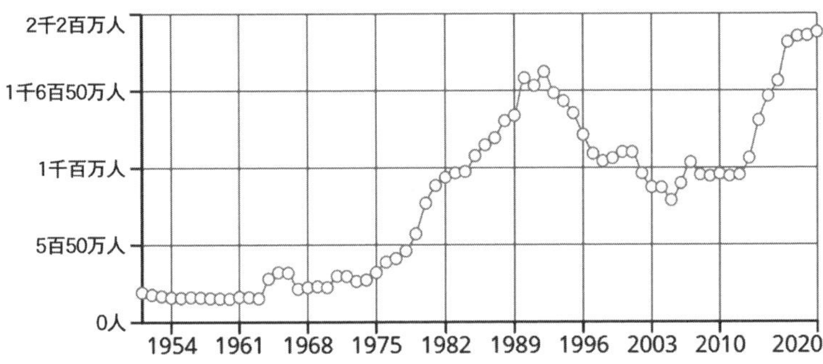

図12-5　世界の難民数の推移
出典　IOM Webサイト“MIGRATION DATA PORTAL”
（2021年6月30日アクセス）

また移民でもなく難民でもなく出稼ぎという形で国境を越える人々も多い。比較的に短い期間、労働者として働き、故国に送金する。あるいは賃金を貯金して持ち帰る例も多い。この送金というのが大きな額である。たとえばメキシコにとっては、出稼ぎなどからの送金は、年間およそ300億ドルの石油輸出額よりも大きい。エジプトにとっては、それはスエズ運河の通行料収入の７倍である。ちなみにスエズ運河の通行料収入は、年間60億ドルである。その７倍となれば420億ドルである。GDP（国内総生産）の15パーセントに相当する。海外からの送金額の大きさが想像できるだろうか。

そして留学や観光で国境を越える人々も少なくない。大変な数の人々が、国境を越え様々な現象を引き起こしている。これが21世紀の現実である。

2. なぜ国境を越えるのか？

なぜ人々は国境を越えるのか？　留学や観光の場合は明白である。学問のため、楽しみのためである。それでは移民や難民は、なぜ発生するのか。安全で快適で豊かな生活をしている人は通常は移民しない。王侯貴族は、普通は移民したりしない。人が国境を越える理由は、政治的抑圧を逃れたり、貧困からの脱出を目指したりである。その動機は多様である。時には大きな危険を冒しても人は国境を越えようとする。既に言及したIOMによれば2020年には地中海を渡ろうとして１万1000名が死亡している。

現在生活している国で政治的な抑圧が存在する限り、そして、そこで身体財産の安全が保障されない状況がある限り、そして何よりも豊かな国と貧しい国の大きな格差が存在する限り、人々は国境を越えようとするだろう。地中海を渡ろうとして亡くなる人々の数の多さは、国境を越えようとするエネルギーの巨大さの傍証である。

移民の流入は、どのような影響を受け入れ社会にもたらすだろうか。まず受け入れの費用である。通常は移民が受け入れ国で生活できるように支援する必要がある。それは住宅の提供から就職の支援、そして語学教育や医療の提供など広範な分野に及ぶ。その費用は莫大である。この費用を出し渋ると、受入国の言語を十分に使いこなせない層を生み出してしまう。そして、それが社会問題となりがちである。

また多くの場合には移民が低賃金での労働をいとわないので、それが労働者の賃金への引き下げ圧力となりかねない。また既存の労働者から職を奪う可能性もある。そうした現実と認識が、往々にして社会的な摩擦を引き起こす。また文化的に異なった習慣や宗教を持った集団の形成に、既存の文化が脅かされると感じる層も出る。それが排外主義的な言動を生む例も多い。経済的な社会的な心理的な要因が融合して、排外主義的な政治運動を巻き起こす例は珍しくない。

メキシコとの国境に壁を建設して移民の流入を阻止すると訴えて2016年のアメリカ大統領選挙に当選したドナルド・トランプは、その最たる例だろう。また、この同じ2016年に国民投票で、イギリスがEU（欧州連合）からの離脱を決めた。なぜ、イギリスは離脱したのだろうか。具体的には、なぜ国民の多数派は投票によって2016年に離脱という意志表明を行ったのだろうか。

背景の一端は、イギリスへのヨーロッパ大陸からの労働者の流入であった。イギリスの比較的に高い賃金を求めて、東ヨーロッパから多くの人々が移民してきた。EU内であれば労働者の移動と移住が自由だからだ。これが、イギリスの一部では反発を受けた。自分たちの仕事が奪われると、そしてイギリスの文化が浸食されると。こうした現象はアメリカやイギリスのみに限られない。ヨーロッパ大陸諸国でも同じような排外主義的な潮流がある。

逆に人の流入のプラス面を見てみよう。これは、たとえば人の動きが止った際に、その経済的役割の大きさが理解できる。その代表例が観光産業である。2020年に新型コロナの蔓延によって観光客の流入が激減して往来を行く人の数が減った浅草の風景などに、その経済的なインパクトの大きさが見えている。もう一つ例を挙げよう。中東ペルシア湾岸にドバイという都市がある。アラブ首長国連邦という国家に属している。

この都市の経済の２割は観光に依存していた。それだけに2020年のコロナ禍が、この都市の観光産業に与えた打撃は大きかった。

留学の影響は、どうだろうか。まず留学生の受け入れが、教育機関の経営にとってのプラスとなる。その分だけ授業料収入が増えるからだ。これが国家全体にとっても大きな額になる場合もある。たとえば経済規模の割には比較的に多くの留学生をアジア各国から受け入れているオーストラリアが、その良い例である。留学生からの収入が同国経済の２～３パーセントの規模になる。留学生の受け入れから生じる収入を、もし「輸出」として計算すると、石炭と鉄鉱石の輸出に次いで第三位となる。その経済的な影響の大きさが想像できる。また留学生は卒業後も受け入れ国に止（とど）まり移民となって経済活動に寄与する例も多い。また出身国と受け入れ国の関係を強める架け橋となる。

その移民というカテゴリーの人々は、受け入れ国に大きな影響を与える。たとえば移民は大国を作る。英語では大国あるいは強国はパワーとして言及される。そもそもの意味は力という意味である。そして移民は、時にはスーパーパワー（超大国）を作る。アメリカがそうである。アメリカでは独立以前からヨーロッパからの移民によって社会が発展してきた。もともと生活していた人々の生活基盤を破壊しながらであったが。そして独立後も多くの移民を受け入れて大国として、そして超大国として成長してきた。

人の移動は国際政治の力関係を変える。まず、多くの兵士を戦場に動員できる国は、国際政治で大きな発言力を持つ。武田信玄の言葉にあるように、まさに「人は石垣、人は城」である。英語でも人的資源をマンパワーと呼ぶ。もちろん、これには女性のウーマンパワーも含まれる。このマンパワーがパワーとスーパーパワーを作る大きな要素である。

図12-６を参照いただきたい。これは、アメリカとイギリスの人口推

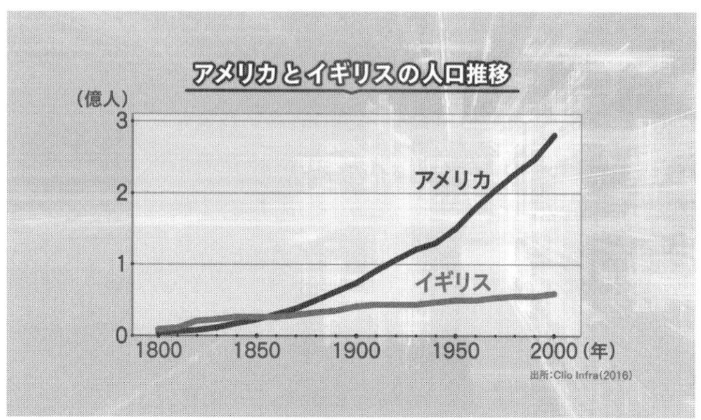

図12-6　放送大学テレビ科目『世界の中の日本外交（'21)』
第３回「アメリカ／超大国の歩み」から

移を示している。アメリカは19世紀の中頃に人口規模でイギリスに追いつき追い越した。

イギリスは19世紀のスーパーパワーだった。アメリカが工業生産力でイギリスに追いつき追い越すには、さらに約半世紀の時を要した。20世紀の初め頃にアメリカはスーパーパワーとして姿を現した。しかし、その半世紀前に人口という面では、スーパーパワーの条件を備えていた。押さえておきたいポイントである。

移民の流入が止まってしまうと、出生率の低下した先進工業社会では人口減少が起こるだろう（図12-７、図12-８)。そして長寿化が進んでいるので、より少ない人口で、より多くの高齢者を支えるというようになる。そうした構造の社会では経済成長は望みがたいし、そもそも社会生活の維持さえ難しくなる。

今の状況では先進工業諸国全体で見れば、2036年に人口がピークとなり、以降は低下が予想される。しかし、仮に現段階で移民の受け入れを停止してしまうと、2020年がピークとなる。2030年には先進国全体の人

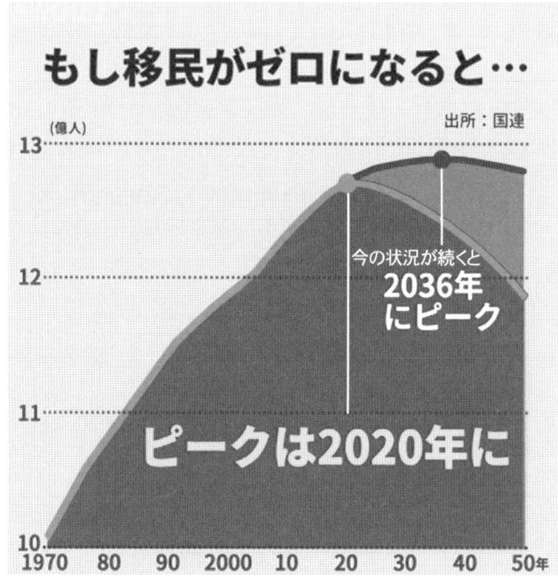

図12-7　先進工業諸国の人口動態
出典　国連／日本経済新聞2020年10月４日より

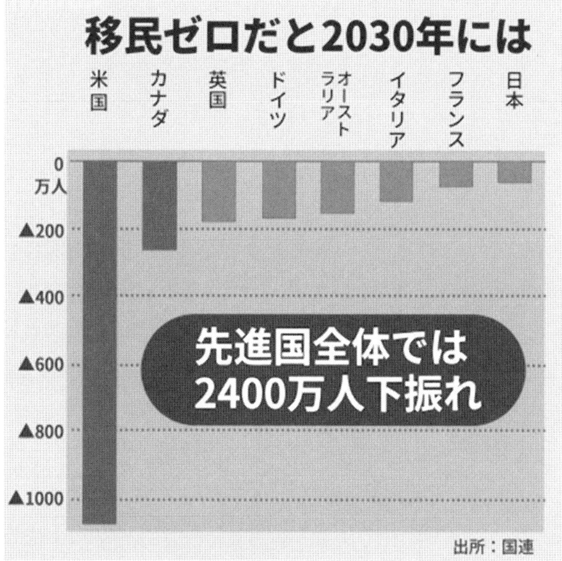

図12-8　人口減少の衝撃
出典　国連／日本経済新聞2020年10月４日より

口が2400万人も少なくなる。これは、およそオーストラリアの総人口くらいの規模である。オーストラリアという国から誰もいなくなると想像すると、人口減少の衝撃の大きさが感じられるだろうか。先進諸国は移民を受け入れるのが望ましいというだけではなく、その受け入れなしには、経済発展はおろか、経済活動の現レベルでの維持も難しい状況だ。

3. 新しい血とイノベーション

移民には、頑張（がんば）り屋が多い。新しい土地に移ってきて生活基盤もしっかりしていない状況下に置かれると、通常は、その土地に前からいる人々よりもよく働く。そうしたエピソードの一つを紹介しよう。

2020年12月にドイツとアメリカの企業が共同で製造した新型コロナウイルス・ワクチンがイギリスとアメリカで他のワクチンに先駆けて認可された。95パーセントの効果が期待できるとの報道だ。このアメリカ企業の方はファイザー社である。主として研究開発を担ったのはドイツに拠点を置く企業の方である。この企業は、BioNTech社である。日本語の表記はバイオエヌテックとかビオンテックとかバイオンテックと揺れている。定まっていない。ここでは、とりあえずバイオンテックとして言及しよう。この企業のウグル・サヒンCEO（最高経営者）の言葉は、「私は、ワクチンがコロナウイルスのパンデミックを終わらせることができると確信しています」と力強い。サヒン博士は、2020年1月に中国の武漢で新型コロナウイルスが広がっているとの情報に触れると、これがパンデミック、つまり全世界的な大流行に広がる可能性を直観した。そして、直ちに他の研究を停止して、ワクチンの開発に全社をあげて取り組む決断を下した。

この「直ちに」が本当に直ちにであった。というのはサヒン博士が情報に触れたのが、週末の金曜日で、週明けの月曜日には取締役会を開いて、この決断を下しているからだ。

この「無名」の企業にファイザーが着目して提携関係に入っていた。実は、この無名の企業は、それほど無名ではなかったのではないか。というのは、すでに2018年に、マイクロソフト社の創業者のビル・ゲイツの財団が、この企業に55億円を投資しているからだ。また、シンガポールの国策投資会社のテマセクも、この会社に投資をしている。見る目のある人々の間では有名だったのだろう。そして、11か月でワクチンを開発し、イギリスとアメリカで認可を獲得した。これまでは、ワクチンの開発に何年もかかるとされていただけに、異例のスピードだ。

バイオンテック社は、サヒン博士と妻で免疫学者のオズレム・トゥルジェリが始めたベンチャー企業である。それまではガン治療薬の開発を行っていた。CEOのサヒン博士は現在55歳で、トルコ系である。父親がトルコからドイツに出稼ぎに来て自動車の組立工として働いていた。サヒンは、ドイツのケルン大学で医学博士号を取得した後、ザールランド大学の附属病院で医者として勤務し、その後にマインツ大学の教授になっている。妻も同じくトルコ系である。トルコのメディアは、年末に認可されたこともあって、この新しいワクチンを「トルコ人からの人類へのクリスマス・プレゼント」と表現している。トルコの外務大臣が夫妻に電話をするなど、トルコでは大きな話題である。ちなみにウグル・サヒンをトルコ語風に表記するとウール・シャーヒンとなる。どう表記するにしろ、ワクチンは、トルコ系移民のがんばりの成果である。この夫妻の研究熱心は伝説的である。結婚式の日も式の後に実験室へ戻ったと伝えられている。

近年、ドイツは多くの移民を受け入れてきた。移民の急増に対する批判もあった。しかし、今回のバイオンテックの快挙は、移民が受け入れ国にとっての貴重な資産だと教えてくれる。移民の活躍できる社会は新しい血によって活力を維持できる。

と書くと、たった一例のみで余りに大きな議論を支えていると思われるかも知れない。もう一つ例を挙げよう。このバイオンテックと提携しているのは、前に言及したアメリカの巨大製薬会社のファイザーである。この会社が主としてワクチンの治験をになった。また製造も担当している。したがって、このワクチンは、しばしばファイザーのワクチンとして言及される。

この会社のCEOは、アルベルト・ブーラというギリシア人である。ギリシアの港湾都市テッサロニキの出身で、世界を股に掛けて活躍している人物である。ユダヤ系である。現在はアメリカで生活しているので、ギリシアからの移民という位置づけだろうか。サヒン夫妻とブーラの「母国」であるトルコとギリシアは、国際政治の上で対立する場面が多い。しかし、個人レベルでは、サヒン夫妻とブーラは、しっかりと協力してワクチンの開発を成功させた。

これでワクチン開発の面での移民の活躍の例が二つになった。もう一つ、つまり三例目を紹介しよう。ワクチン開発競争でバイオンテックなどと共に先頭集団を走っている企業にモデルナというベンチャー企業がある。アメリカ企業である。このCEOも外国生まれだ。フランス出身のステファン・バンセルである。しかも、この企業の創立者の１人で、現在は会長を務めているヌーバー・アフェヤーンは、レバノンの内戦を逃れてアメリカに移民した人物だ。もっと詳しく書くとアルメニア系レバノン人である。このモデルナには多くのレバノン系の人々が働いている。その中には、レバノン系アルメニア人がいる。これだけ例を挙げれば、一般論として移民が頑張り屋だと論じても許されるだろうか。

アメリカが移民の国なのは建国以来の伝統である。移民の頑張りが社会を動かしてきた。慶應義塾大学の応援歌に「若き血に　燃ゆる者……常に新し」とある。若き血を燃やす方法の一つは、移民の受け入れだ。

4. スティーブ・ジョブズの「父親」

最後に、冒頭で提示した問いに答えよう。なぜシリア難民にはスマートフォンが似合うのか。スマートフォンを持った難民がヨーロッパに流入する映像に「違和感」を覚えた。そのような声が聞こえた。2015年以来、トルコに逃れていた難民を中心に多くの人々が中東やアフリカからヨーロッパに流入した。その中心はシリア難民だった。

難民というのは「貧しい人々」というイメージがある。その難民が比較的高価なスマートフォンを持っているのだから、違和感が湧いてくるのは自然かもしれない。しかし、シリア難民にこそ、スマートフォンがふさわしい。そして似合う、と私は思う。その理由を以下に記そう。

まずトルコにいた200万人以上のシリア難民のうち、ヨーロッパに向かったのは比較的豊かな層だった。密航業者への1000ドルを超えるともされる料金を用意するだけでも大変である。また、何のあてもなくヨーロッパに行ったのではなく、そこで新たな生活を築くだけの技術や教育を身に着けた人々が多い。つまり、医者や学者などの高度な教育を受けた人々が多かった。となればスマートフォンくらい持っていて当然ではないだろうか。

そういった経済的な背景以上に、シリア難民にはスマートフォンがふさわしいと思える理由がある。というのは、スマートフォンの代表的な企業がアップルだからだ。このアップルの創業者の１人はスティーブ・ジョブズである。よく知られているように、ジョブズはカリフォルニア州のシリコンバレー発の成功物語の象徴的な存在だった。

しかし、よく知られていないのは、ジョブズの出自の複雑さである。スティーブ・ジョブズの生物学的な父親はシリア出身のアブドルファッタ・ジョン・ジャンダーリーである。ジャンダーリーは、1931年にシリアで三番目に大きな都市ホムスに生まれている。ホムスは、シリアの首都ダマスカスの北160キロに位置している。2011年に起きたシリア内戦によって無残に破壊された都市の一つである。

ジャンダーリーの父親は、学歴はなかったが才覚で財産を築いた人物だった。息子の教育に熱心で、中東では最高峰の大学のひとつとされるレバノンのアメリカン・ベイルート大学にジャンダーリーを進学させた。ここでジャンダーリーは、学生組織のリーダーとしてアラブ民族主義の高まる時代を経験している。同級生にはPFLP（パレスチナ解放人民戦線）を組織したジョージ・ハバシュなどがいた。ちなみに1970年代にイスラエルの空港で乱射事件を起こした日本の赤軍派は、このPFLPと共闘していた。

ジャンダーリーは、アメリカン・ベイルート大学を卒業後、アメリカに渡りウィスコンシン大学で政治学の修士号と博士号を獲得した。在学中にジョアンヌ・キャロル・シーベルという女性と恋に落ちた。

二人の間に男の子が生まれた。しかし、シーベルの父親は保守的であり、娘のアラブ人との結婚に反対した。男の子は、養子として他のカップルに引き取られた。どちらも大学教育を受けていないカップルだった。母親のシーベルは子どもに大学教育を受けさせるという条件を付けて、このカップルに男の子を託した。この男の子こそ、スティーブ・ジョブズである。

その後ジャンダーリーとシーベルは結婚し、娘のモナが生まれる。このモナも優秀で、現在は小説家として著名であり、カリフォルニア大学ロサンゼルス校の教授でもある。やがて二人は離婚してしまう。ジャン

図12-9　ジョブズとジャンダーリー
写真提供　ユニフォトプレス

ダーリーはアメリカに残り大学教員を勤めた後、レストラン経営などに転じて成功している。

スティーブ・ジョブズの死亡前のインタビューで、ジャンダーリーは「スティーブを大変誇りに思っている。またスティーブの誕生日にはメッセージを送ってはいるが、それ以上に近づこうという努力は、どちらもしていない。会いたいと思う」と、父親としての感情を吐露している。またスティーブのほうから電話をかけてきて欲しいとの希望を表明している。だが、電話をかける前にスティーブは、世を去ってしまった。ちなみに2013年に公開されたハリウッド映画『スティーブ・ジョブズ』においては、父親との難しさについては、父親の経営するレストランに行ったことがあると、一瞬だけ言及があるのみである。

ここまで書くと、なぜ筆者がシリア難民にスマートフォンが似合うと考えているかがおわかりいただけるだろう。もっと通りの良い日本語の表現はスマホだろうか。このスマホで有名な会社を興したスティーブ・ジョブズがシリア人の血を引いているのなら、シリア難民がスマホに導かれてヨーロッパを目指す姿に違和感を覚える必要はないからである。

冒頭で紹介した壁の絵を描いたバンクシー自身も次のように述べている。

> 私たちは、しばしば移民が国にとって有益ではないと思わされている。しかし、スティーブ・ジョブズはシリアの移民の息子だ。アップルは世界で最も利益を生み出している企業で、1年に70億ドル（約8479億円）の税金を払っている。それは、ホムスからきた青年を受け入れたからに他ならない。

難民や移民は、受け入れ社会にとっては、必ずしもお荷物ではない。その社会を豊かにする資産である。バンクシーのメッセージである。ジョブズの成功のメッセージである。そして本章のメッセージでもある。

13 環境とエネルギーの国際政治

高橋和夫

「石器時代が終わったのは、石ころがなくなったからではない」
サウジアラビアのアフマド・ザキ・ヤマニ石油相

1. 「綺麗事」

環境をめぐる国際政治の核心は、環境を守るための費用を「誰が」、「いつ」、「どのような形で」負担するかである。環境をめぐる国際政治は綺麗事（きれいごと）ではない。というのが、これまでに筆者が書いてきた環境と国際政治に関する議論の要旨である。しかし、新たに、この問題に関しての章を著すにあたって、二つの問題を付け加えようと思う。それは、第一に環境の変化が生み出した新しい状況から「誰が」、「いつ」、「どのような形で」恩恵を受けるのか。その例として、環境の変化が生み出した国際政治の新しい舞台である北極圏を取り上げよう。そして第二に環境を守るための新しい技術の開発から「誰が」、「いつ」、「どのような形で」利益を得るのか。この二つが新たな重要な問題となってきた。これが21世紀に入って見えてきた新しい構図である。

この構図の中で重要なのは、環境とエネルギーの密接な関連である。石油、石炭、天然ガスなどのエネルギーの利用が地球温暖化の原因とされているからだ。となると、こうしたエネルギー源から他のエネルギー源への転換が必要である。そのための新しい技術が求められている。その中でも特に重要視されているのが、電気自動車である。それでは電気自動車の導入によって誰が利益を得、誰が被害を受けるのか。

まず、旧来の議論を振り返り、次に新たな議論を紹介しよう。その前に、環境が国際政治に議論として浮上してきた経緯を振り返っておこう。

宇宙船地球号

環境問題が国際政治の重要な課題として注目を集めるようになったのは1960年代末のことであった。そのために大きな役割を果たしたのが、宇宙からの地球の映像ではなかっただろうか。これは、ある意味では米ソの宇宙開発競争の副産物であった。宇宙技術の進歩は、人類が地球の全体像を眺めることを可能にした。ヒトは自らの生活空間を客観視したのである。宇宙から送られてきた地球の映像は暗黒の広がりに浮かぶ青く美しい星であり、無限の広がりに漂う宇宙船地球号であった。また、1969年のアメリカのアポロ計画の成功は、地球に一番近い星である月面上の風景をテレビ画面に映し出した。そこは、無生物の死の世界であった。そして、その彼方（かなた）に青い星が見えていた。地球であった。ここでは地球が月であり、月が地球であった。これまでヒトという生物が目にすることのなかった景色であった。新しい風景がヒトを新しい認識へと誘（いざな）った。多くの人々は、地球という星の「いとおしさ」を噛み締めるような思いを抱いた。

その翌年の1970年に大阪で開催された世界万国博覧会のテーマは「人類の進歩と調和」であった。このテーマが選ばれた背景にあったのは、「進歩」による環境破壊が進行しているとの認識の広まりであった。そして、調和のない「進歩」が起こっているとの感情も強かった。日本では経済成長のコストが公害という言葉で表現されるようになっていた。そうした思いの裏返しが、「人類の進歩と調和」というテーマだった。これまでの経済成長一本槍の路線では、もはや十分ではない。環境を守

図13-1
アポロ宇宙船(司令船)から見た月の地平線上の地球
出典　NASA

るための行動が求められている。そうした機運を背景にして、1972年6月、ケニアの首都ナイロビで国連人間環境会議が開かれた。この会議では捕鯨の禁止決議などが採択された。その当否は別にしても、ナイロビは環境問題が国際政治の重要議題となっていく過程での一里塚であった。環境問題への国際的な関心の高まりは急であった。世界最大の捕鯨国の日本がこの禁止決議に慌（あわ）てたことにも、それはよく反映されていた。

しかし、1972年といえばインドシナ半島では戦争の激しかった頃である。アメリカ軍が、熾烈（しれつ）な爆撃で北ベトナムを石器時代に戻すと豪語していた最中であった。「ベトナムの人々を救え」ではなく、「南氷洋のクジラを救え」という声が先進諸国の環境保護団体によって上げられたわけだ。何が重要かという優先順位の選定にバランスを失しているとの印象は免れ難かった。

アメリカのニクソン政権が、インドシナから国民の注意を逸らすために環境問題を取り上げたのではないかとの見方をする研究者もいるくらいである。それはともかく、この会議によって環境問題は明らかに国際政治の重要な問題となった。

成長の限界

さらに、ローマ・クラブと呼ばれる団体が1972年に『成長の限界』というタイトルの報告書を発表した。当時のペースで資源を使い続ければ、資源が枯渇してしまうと警告した書であった。『成長の限界』は大きな話題を呼んだ。さらに、この本の出版の翌年の1973年10月に第一次石油危機が起こった。この事件によって資源の限界という議論が裏書きされたように受け止めた人々も少なくなかった。実際は、石油の埋蔵量も生産量も十分であった。問題は供給を制限しようとする産油国側の政治的決断であり、供給が制限されたとパニックを起こした消費者側の認識であったのだが。不足していたのは石油そのものではなく、石油に関する信頼できる情報であった。

環境をめぐる国際政治の特徴

さて、こうして環境問題が国際政治の舞台に登場した。しかも、その後の冷戦の終結によって核戦争の可能性が低下すると、環境問題に、その分だけ注目が集まるようになった。この環境をめぐる国際政治に関しては少なくとも五つの特徴がある。以下に、まず列挙し次に順に説明しよう。(1) 越境性、(2) 南北問題の延長戦、(3) ノン・ゼロサム・ゲーム（公共財)、(4) NGO の役割、(5) 科学的な不確実性である。

越境性

この問題を巡る国際政治の第一の特徴はその越境性である。環境汚染が実際に国境を越える例が目立つ。たとえば1991年の湾岸戦争の際には

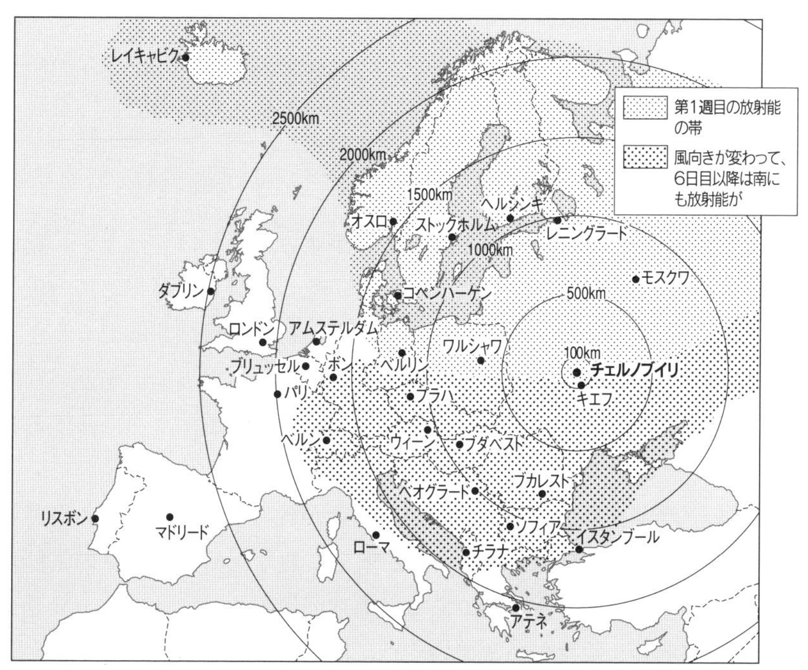

（NEWS WEEK　日本語版　1986.5.15より）

図13-2　ヨーロッパを襲った恐怖の雲

放射能を帯びた雲は風に運ばれてソ連国境を越え，ヨーロッパの広い地域に拡散した。出典　NEWS WEEK　日本語版　1986. 5. 15より

クウェートの油井が爆破され、その煤煙は黒い雨となってペルシア湾岸に降り注いだ。実は、こうした例はそれまでにも多く発生していた。たとえば西欧諸国の汚染物質が風に運ばれて北欧の空に到達し、それが酸性雨として降り注いで森林に打撃を与えたという事例もあった。しかし何と言っても、いちばん深刻だったのは、1986年5月のウクライナのチェルノブイリでの原子力発電所の事故であった。ヨーロッパ全体がその被害を受けた。そして、その後の国際関係に影響を与えた。たとえば、当時の欧米日の東欧旧ソ連への経済支援の目玉の一つは原子力発電所の安全対策であった。それは、チェルノブイリの経験からすると、旧ソ連での原子力発電所事故が、支援国の人々の安全をも脅かしかねないからである。国境を越える環境問題に対する国境を越えた協力であった。

南北問題の延長戦

しかし、環境問題で常に国際的な協力が見られるわけではない。環境保全の必要性とその費用負担については、激しい対立が存在している。一般化して言えば、世界全体を比較的に厳しい環境保護基準でカバーしようとする先進工業国と、そうした基準を拒絶する発展途上国という構図がある。また、発展途上国は先進工業国が環境保護基準を主張するならば、そのための費用を先進工業国が負担すべきであると反論している。具体例を挙げよう。地球温暖化という議論が盛んである。工場や自動車の排出する二酸化炭素（CO_2）の量が増えており、それが地球の気候に影響を与えているという議論である。地球の温暖化は、水面を上昇させる。海面が上昇し続けているという点に関しては科学者の間にコンセンサスがある。しかし将来の上昇幅に関しては議論がある。楽観的なシナリオなら今世紀末までの上昇幅は1メートル以下である。気候変動に関する政府間パネルの2013年の報告書が、この立場である。

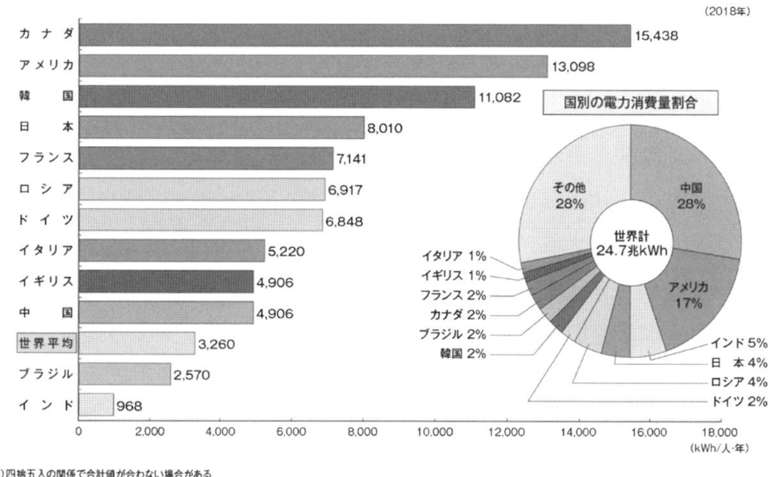

図13-3　主要国の一人あたりの電力消費量
出典　日本原子力文化財団「エネ百科」(IEA「Key world energy statistics (2020)」より作成)

しかし、悲観的なシナリオでは、上昇幅は2メートルに達する。この場合にはバングラデシュの大半が水没し、ニューヨークや上海も脅威にさらされる。「アメリカ科学アカデミー紀要」に2019年5月に発表された研究を参照されたい。(https://www.pnas.org/content/116/23/11195 アクセス2021年8月2日) 地球の温暖化を止めるためには、二酸化炭素の排出量の規制が求められる。

だが、二酸化炭素はエネルギー消費によって生ずるので、その排出規制はエネルギー消費の規制を意味している。ところが現段階でエネルギー使用を規制してしまえば、発展途上国には経済成長が難しくなる。莫大な量のエネルギーを燃やした結果として欧米日の先進工業地域は工業地域になった。しかも、1人当たりの数値で見れば、現在でも先進工業地域の方がはるかに多くのエネルギーを消費している。

たとえば、上の図13-３のグラフでみるように主要国の電力の消費量を比べると円グラフのように中国が一番でアメリカが二番である。しかし１人当たりで見ると、棒グラフのように中国人はアメリカ人の半分以下、インド人は１割以下しか消費していない。つまり、アメリカ人１人でインド人10人分の電力を消費している計算となる。となれば、二酸化炭素の排出量を抑えるには、先進工業地域がある意味で生活水準を引き下げることが望ましい。というのが発展途上国の議論である。貧しい人々が生活水準を引き下げるよりは、はるかに痛みの少ない選択である。

だが、もちろん当時の雰囲気としては、先進工業地域がそうした議論を受け入れて実行に移すはずもなかった。そんなことをすれば政治家は次の選挙で落選してしまうだろう。それでも1992年には、国連気候変動枠組条約が成立した。そして、1995年より、国連気候変動枠組条約締約国会議（COP）が開催されてきた。

COPとはConference of Partiesの略である。「締約国会議」の意味で使われてきた。もちろん英語の口語表現では、「おまわり」といった意味もある。このCOPで温室効果ガス排出量の削減に向けての議論が続けられた。そして1997年には京都議定書が成立した。この議定書で各国は、二酸化炭素（CO_2）やメタンなど６種類の温室効果ガスを減らすための行動を誓った。これらは、地球温暖化の原因になっているとされる物質である。京都の夏は暑い。その暑さが、体全体を包み込んで体内に染み込んでくる。京都の夏の暑さを知る者には、温暖化対策の条約文書に署名するにふさわしい地と思える。もっとも実際に署名されたのは、既に冬の11月であったが。

ところがアメリカは、この文書に署名しながら、2001年に共和党のジョージ・W・ブッシュが大統領になると、その批准手続きを停止して、実質上この合意を無視した。「おまわり」から逃げ出したわけだ。その背景には、アメリカ経済への負担となるという産業界の反対がある。二酸化炭素の排出規制の議論を追うと、誰が環境保全のコストを負担するかという議論に行き着く。利害の対立がむき出しになっている。コストの負担者が先進工業国なのか、あるいは発展途上国なのか、というのが環境問題の一面である。環境問題とは南北問題の延長戦のような性格を宿している。南北問題とは、地球上の貧しい国々と豊かな国々の格差と、それに付随するもろもろの問題の総称である。貧しい国々の大半が南半球に、豊かな国々の大半が北半球に位置しているところに、この名称の起源がある。

さて、それでもアメリカの姿勢には政権により違いがある。たとえば2009年に成立した民主党のバラク・オバマの政権は、比較的に環境問題には前向きだった。オバマ政権の２期目の2015年12月にフランスのパリで第21回国連気候変動枠組条約締約国会議（COP21）が開催された。ここで、2020年以降の温室効果ガス排出削減等のための新たな国際枠組みとして，アメリカを含む各国によってパリ協定が採択された。京都議定書に代わる、2020年以降の温室効果ガス排出削減等のための新たな国際枠組みである。このパリ協定は、世界共通の長期目標として気温の上昇の幅を押さえるという目標を設定した。ところが2017年に誕生したアメリカ共和党のトランプ大統領は、2019年にパリ協定から離脱した。そして2021年に就任した民主党のジョー・バイデン大統領が、パリ協定にアメリカを復帰させた。アメリカのドタバタが世界の環境にとって最大の不確定要因である。

ところで環境問題に南北問題的な要素があると指摘したが、こうした南北問題と環境問題の交差するポイントに位置を占めているのが、生物多様性の保護の問題である。1992年にブラジルのリオデジャネイロで開催された「環境と開発に関する国連会議」（通称「地球サミット」）で、その争点が浮き彫りにされた。この会議で採択され翌年の1993年に発効した「生物多様性条約」は、生物の多様性の保全とその持続的な利用、遺伝子資源から得られる利益の公平な利用などを謳（うた）っている。その背景には、環境破壊の進行によって生物の種類が激減しつつあり、遺伝子資源などの利用によって得られるであろう潜在的な利益が失われつつあるとの危機感がある。遺伝子資源という考え方は、興味深い。

たとえば、1980年代に日本の花王が、新たに発見された酵素を使った「アタック」という名の洗剤を発売して市場シェアを伸ばした。酵素の洗浄能力が強力なため、これまでより少量の洗剤で洗濯が可能になった。他の洗剤メーカーも追随して同様の製品を発売したため、洗剤の箱が小さくなった。酵素とは、「生物がつくり出す触媒作用を持つタンパク質で、生体触媒ともいう」と『日本大百科全書（ニッポニカ）』（小学館、1994年、ネット版公開2001年）に解説がある。洗剤の例は、ほんの一例にすぎない。多様な生物が存在すれば、それに比例して多様な酵素が存在する。そして、まだまだ人類が知らない有用な働きをする酵素が存在するはずである。また生物そのものの遺伝子が、バイオテクノロジー（生物工学）の発達によって利用可能になってきた。様々な生物の遺伝子を掛け合わせて、望ましい性質を持った生物を作り出すことができる。遺伝子の一つ一つが貴重な資源として認識され始めた。様々な生物の特徴を規定する遺伝子の種類が多ければ多いほど、利用の可能性が広がる。絵の具の色が多ければ多いほど、色彩の豊かな絵を描けるようにである。

そこで、先進諸国の製薬会社などはブラジルのアマゾンなどの豊饒（ほうじょう）な生態系の地域へ調査団を派遣して様々な生物や酵素の採取を行っている。また一部の政府や民間の研究所では、遺伝子のカプセルともいえる種子の保存の努力が行われている。そうした施設が「種子銀行」と呼ばれているのは面白い。そこに保存された種子の遺伝子が将来莫大な利益を生むかもしれない。お金に化ける可能性がある。

議論を生物多様性条約に戻そう。生物の多様性の保全の重要性に関してはコンセンサスがある。しかし、そのコストの負担の分担に関しては議論がある。生物がより多様なのは熱帯の国々である。発展途上諸国である。従って、保全の義務は発展途上諸国にある、との議論が成り立ちそうである。だが、多様な遺伝子からの利益は人類全体に及ぶ。となれば、そのコストは先進諸国も負担すべきである。平たく言えば、ブラジルにアマゾンの熱帯雨林の保全を先進諸国が求めるのならば、その費用を負担すべきであるとの議論になる。

また熱帯の生物の中から有用な遺伝子を見つけ出し、それを製品化する力を持っているのは先進諸国である。だが、その利用に付随する利益は先進諸国の企業にのみ与えられるべきであろうか。開発途上国に生息する生物の遺伝子を利用して作られた薬品が、特許によって保護され、開発した企業に莫大な利益をもたらす。そんなことが許されるであろうか。しかし、許されなければ、莫大な利益が期待できなければ、企業は巨額の資金を投下して研究・開発を行うだろうか。そもそも生物が生息していた国に利益が還元されるべきであるとの議論は、それなりの説得力を持つ。だが企業側も理論武装している。十分な利益が与えられなければ、先進諸国の企業は膨大な費用を投下して新しい遺伝子を見つけ出し、それを製品化しようとはしないだろうとの理論である。議論は尽きそうもない。

そこで生物多様性条約は、利益が出た場合には資源の提供国と利用国の間での公正かつ公平な分配を規定している。原則は明確である。しかし、何が公正で何が公平かは明言していない。環境保全から発生する利益を誰が得るのか、それが問題だ。そう冒頭で述べたのは、こうした背景があるからだ。環境問題で、国益と国益、利害と利害が衝突している。

SDGs

さて環境問題への世界の人々の意識の高まりを受けて2015年９月の国連首脳会議がSDGsを採択した。これはSustainable Development Goalsの略で「持続可能な開発目標」を意味している。具体的には、環境保全や貧困の撲滅などの17のゴールつまり目標から構成されている。SDGsに反映されているのは、このままの開発路線を歩んでいたのでは、環境が保全できないという危機意識の深まりであろう。

ノン・ゼロサム・ゲーム（公共財）

環境を巡る国際政治においては、これまでの伝統的な問題とは違った特徴が見え隠れしている。その一つである越境性に関しては、既に言及した。第二の南北問題的な性格にも触れた。他の特徴にも言及しておこう。第三に、必ずしも環境問題はゼロサムゲーム（zero-sum game）ではない。つまりノンゼロサムゲームである。ゼロサムゲームとは何か。それは一方の利益が他方の損害になる事例である。たとえば、伝統的な国際政治の問題の代表に領土紛争がある。これはゼロサムゲームである。北方領土問題を例に取れば、日本が北方領土を取り戻せば、ロシアから領土が失われる。日本のプラスはロシアのマイナスであり、両者の和はゼロである。国際政治の問題の多くは、往々にしてゼロサムに終わる性格を有している。

だが環境問題は、そうとは限らない。その例として、オゾン層の問題を取り上げてみよう。地球を覆うオゾン層は、宇宙からの有害な光線から人間を守ってくれる。ところが、スプレーや冷蔵庫などに使われるフロンガスがこのオゾン層に穴を空けるとの研究が報告され話題を呼んだ。オゾン層が失われれば、将来は皮膚ガンなどの発生が増大すると予想されている。このオゾン層の保護が問題になっている。オゾン層が保護されることによって、特定の国だけが利益を受けるというわけではない。人類すべてが利益を受ける。こうした性質のものを経済学者は公共財と名付けている。環境は、どうもそうした公共財である場合が多いようだ。

この公共財としての性格が、環境を巡る各国間の綱引きに微妙な影を落としている。オゾン層の例に戻れば、ある国がフロンガスの使用を規制しなくとも他の国々がフロンガスの使用を削減すれば、オゾン層の破壊のスピードは鈍り、皮膚ガンの発生率の上昇傾向も鈍るだろう。その国は他国の努力が生み出す効果に「ただ乗り」することが可能になる。逆に見ると、いくら個々の国が頑張っても、全世界的な協力がなければオゾン層の保護は難しい。環境の持つ公共財としての性格が国際協力を必要にしていると同時に、また困難にしている。

NGO の活躍

環境を巡る国際政治の特徴として次に指摘しておきたいのは、NGO（非政府機組織）の役割の大きさだ。グリーンピースなどに代表される環境問題に取り組む NGO は、先進諸国を中心に環境保護の世論を高めるために貢献してきた。例を挙げると、1990年代にはロシアの日本海への放射能汚染物質の投棄を告発して反響を呼んだ。また、日本の捕鯨停止を求めるキャンペーンを執拗かつ効果的に組織してきたのも欧米の NGO であった。環境問題を取り上げることで寄付を募り、職員に給料を支払う形態であるため、鯨を「だし」にして環境問題を自らの生活のための食い物にしている「環境貴族」だ、との批判の声も聞こえる。

しかし同時に、独立した団体が独自の発言を続けてきたことが、環境問題に関する議論を豊かにしてきたことは評価されてしかるべきであろう。こうした活動は、国際政治への NGO という新たなアクター（行動主体／行為者）の登場を告げている。

NGOが大きな発言力を発揮する場面は最近急増している。ここでは遺伝子組み替え植物を巡る議論での役割を紹介しておこう。アメリカのモンサント社に代表される一群の企業が、遺伝子組み替え技術を利用して新しい種類の種子を生み出してきた。害虫に強いなどの様々な特徴の新しい種が作り出され、栽培されてきた。そして、それが収穫され、食品として販売されてきた。しかし、ヨーロッパのNGOを中心に、こうした遺伝子組み替え食品に反対する運動が高まっている。企業側は、たとえば害虫に強い種であれば、除虫剤の使用が避けられると宣伝し、また遺伝子組み替え食品が人体に悪影響を及ぼすことはないと主張している。

逆にNGO側は次のように反論している。人体に対する長期的な影響は現段階では不明である。また新しい種が生態系に悪影響を与える可能性を排除できない。遺伝子組み替えで作り出されたトウモロコシの花粉が、ある種の蝶のさなぎに悪影響を与えるとの研究も既に発表されている。しかも遺伝子組み替え種子には生殖能力がないものが多い。毎年、農民は、たとえばモンサント社から種子を購入する必要がある。遺伝子組み替え種子の導入は、世界の農民をモンサント社などに縛りつける。

双方の議論の優劣を論じる力は筆者にはない。しかし、こうした議論の結果、ヨーロッパ各国の食料品店は、遺伝子組み替え食品にはその旨の表示を始めた。また、遺伝子組み替え食品を扱わないスーパーマーケットのチェーンも現れた。日本でも遺伝子組み替え食品でない旨の表示を目にするようになった。買い物の際に是非とも注目していただきたい。EUでも遺伝子組み替え食品の許認可の方法の再検討が始まった。NGOの議論が政治を動かしたわけだ。しかし、この分野でリードするアメリカの企業にとっては、これは迷惑である。またアメリカの農産物輸出業者にとっては、これは貿易上の新たな障壁を意味する。NGOの動きが、欧米関係に影響を与えている。

科学的確実性の欠如

遺伝子組み替え食品の人体への長期的な影響が不明である。そうした議論に集約されるように、科学的な確実性の欠如という条件下で議論が展開されている。これが、もう一つの環境問題の特徴である。議論は科学的な不確実性のもとで進められざるを得ない状況である。環境問題の難しさである。最後に環境問題をめぐる国際政治の特徴を列挙した表をまとめとして示しておこう。

- 越境性
- 南北問題の延長戦
- ノン・ゼロサム・ゲーム（公共財）
- NGOの役割
- 科学的な不確実性

図13-4
環境をめぐる国際政治の特徴

2.　地球温暖化と北極圏

北極は氷

さて次に地球温暖化が作り出した新しい国際政治の風景を紹介しよう。冒頭で言及した北極圏の情勢である。北極の氷が薄くなり、北極をめぐる国際政治が熱くなってきている。その北極には、南極と違い陸地はない。つまり北極にあるのは途方もなく巨大な氷の塊である。

次ページの図13-5を参照されたい。北極、より学術的には北極圏は。

図13‑5　北極圏の範囲
出典　外務省「わかる！国際情勢」

北極線つまり北緯66度33分から北の地域を指す。そこでは夏には太陽の沈まない白夜が、冬至の日には太陽の現れない極夜が起こる。

さてアメリカとソ連の間の冷戦の厳しかった時代には、両国は北極圏の巨大な氷の塊を挟んでにらみあっていた。冷戦というのは第二次世界大戦直後から20世紀末までのアメリカとソ連の関係を表現する言葉である。冷たい北極をはさんで睨みあっていたから冷戦と呼ぶのではない。両国は、直接に戦争をすることはなかった。しかし両者はアジア、アフリカ、そしてラテン・アメリカで影響力の拡大を目指して激しく争った。それぞれの支持勢力に武器を送って代理戦争を戦った。またキューバを巡る対立では、核戦争の瀬戸際まで近づいた。両者の関係は、戦争では

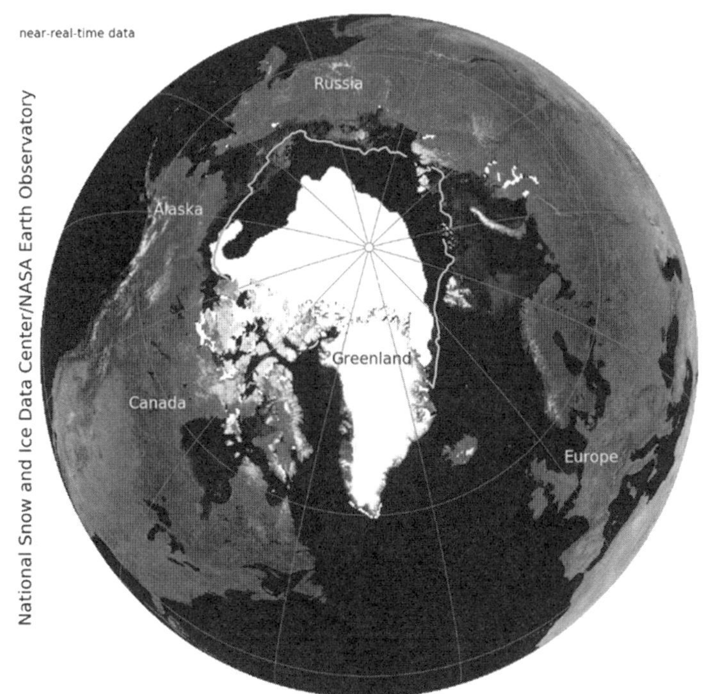

図13-6　30年で40％減ったと考えられる北極の海氷
出典　Image courtesy of the National Snow and Ice Data Center, University of Colorado, Boulder

ないというだけであった。けっして平和的ではなかった。それゆえ戦争でもなく平和でもない状況を表現するために、冷たい戦争、つまり冷戦という言葉が発明された。

もう一度地図13-5を見ていただきたい。両国間の最短距離は北極圏経由である。この空域を通過して長距離爆撃機が襲来するのではないかと両国は警戒していた。そして、もっと深刻な懸念は核兵器を搭載した

ICBM（Inter-Continental Ballistic Missile 大陸間弾道弾）と呼ばれるミサイルが北極圏の上空を飛来してくるのではないかとの悪夢であった。アメリカとソ連間の最短距離のルートは北極経由だからだ。アメリカはアラスカやカナダ北部にレーダー網を張り巡らせていた。ソ連も同じように北極圏に防衛のためのレーダー網を設置していた。冷戦の最前線は冷たい北極圏であった。冷戦が熱戦に変わるとすれば、その舞台は北極圏の上空になるはずであった。

冷戦が終わった現在では、かつてほどの緊張感はない。しかし、ソ連の崩壊後に成立したロシア、そしてアメリカという二つの核大国が北極圏をはさんで直接に向かいあっているという図式は変わらない。

近年、北極海あるいは北氷洋とも呼ばれる海域において、氷が溶け続けている。冷たい戦争が終わって暖かくなったという政治変動ではなく、地球温暖化による気候変動がその原因だと考えられている。その結果、海氷面積の減少が進んでいる。しかも、溶けるスピードが上昇している。

氷の減少によって、北極海の活用の可能性が高まった。ひとつには、夏にはアジアとヨーロッパを結ぶ北極圏航路の利用が可能になる。従来のルートよりも大幅に距離が短くなる。次ページの図13-7を参照されたい。たとえば日本とヨーロッパを船で結ぶ場合、伝統的なインド洋とスエズ運河を経由する航路よりも、北極海経由の方が30パーセントも距離が短くなる。前者がおよそ2万1千キロメートルで、後者が1万3千キロメートルである。あるいは日本とアメリカの東海岸を結ぶ場合も、太平洋とパナマ運河を航行するルートよりも大幅に航路が短くなる。船主にとっては、燃料費や人件費など大変な節約になる。輸送費は格段に低くなる。北極海が国際貿易の主要ルートになる日さえ想像される。すでに北極圏は、ヨーロッパ、北米、東アジアを最短距離で結ぶ国際航空の主要ルートとなっている。

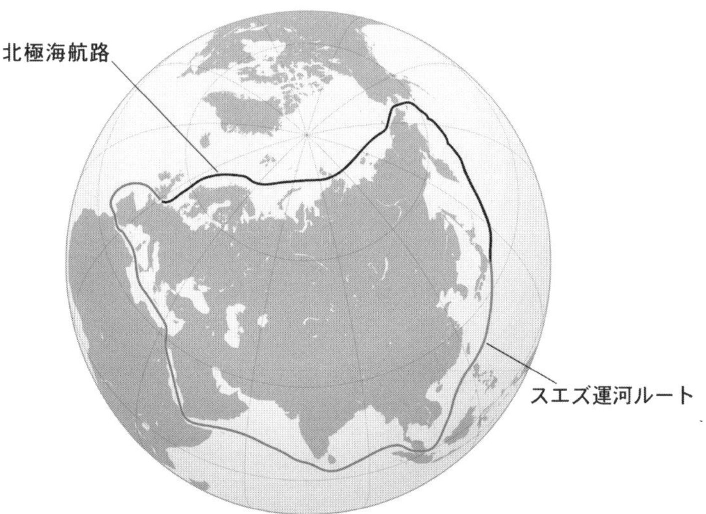

図13-7　北極海航路とスエズ運河ルート（南回り航路）
出典　Collin Knopp-Schwyn and Turkish Flame/Wikimedia

地球儀を上から見下ろして欲しい。北極海が航路として自由に使えるようになると、世界経済の中心である北米、ヨーロッパ、東アジアの三地域が北極海で結ばれるようになる。北極海が、かつての地中海のように世界の物流の中心となる日を予見させる。これは夢物語ではない。2010年、歴史上初めて4隻の貨客船が北極圏航路でヨーロッパとアジアを結んだ。翌2011年には、これが34隻に、そして2012年には46隻に増えた。さらに2013年には71隻に達した。この数では、国際物流の方向を変えたとは、まだ言えない。スエズ運河を通過する船は年間2万隻に近い。しかも北極海を船が通れるのは、夏場の2か月のみである。

しかし、北極圏航路は、新しい方向を指し示している。氷が溶けるにつれ、ますます大量の物資が、北極経路で運ばれるようになるだろう。

この海と空のルートを誰が支配するのか。これは、世界にとって日本にとって重大な関心事である。

この北極海の国際法的な地位に関しては、各国の間に対立がある。一方でアメリカが、国際海峡であると考えているのに対し、他方ではロシアやカナダは自国の内水であるとみなしている。アメリカの考えるように国際海峡であれば誰でもが自由に航行できる。たとえば北海道と本州を隔てる津軽海峡は国際海峡である。この海峡は、どこの国の商船でも軍艦でも自由に航行できる。しかし国際法上の内水であれば、沿岸国の管理が及ぶ。たとえば北極海の航行の場合でもロシア寄りの航路を通る場合はロシアの、カナダ寄りの航路であればカナダの法律に縛られる。

また北極の海底には豊かな石油や天然ガス、鉱物資源なども眠っている。現在でも世界の石油の総生産の１割が北極圏で生産されている。そして天然ガスでは、四分の一を占めている。

またアメリカ地質調査所が、2000年に公開したデータによると世界の未発見の石油の13パーセントは北極圏にあると推定されている。天然ガスの数値はさらに高く30パーセントである。さらにシェールガスとシェールオイルの埋蔵も確認されている。アラスカの北部では、すでに探索が始まっているし、その開発がロシアの北部でも視野に入ってきている。

シェールとは，膜状の薄く広がる岩の地層である。日本語では頁岩（けつがん）である。「ページ」にあたる「頁」という漢字が当てられているのは，その薄い層というイメージを表現するためだろう。頁岩の層の中にガスや石油が閉じ込められていることは古くから知られていた。これを、それぞれをシェールガスとシェールオイルと呼ぶ。こうした資源は、経済的に取り出すことができなかった。ところが、最近の技術革新により、それが可能になった。たとえば、水圧破砕と呼ばれている技術である。破砕の際に使われる液体は、砂と水と様々な物質を混ぜて作られる。これを強い圧力で頁岩層に吹き付けると、石油やガスを分離させることができる。地下水を汚染するのではないか、あるいは地震を誘発するのではないかなどの懸念が表明されている技術でもある。

北極圏では、石油やガス以外にも、ダイヤモンド、亜鉛、パラジウム、レアアース（希土類）なども存在する。現在でも世界のパラジウムの40パーセント、ダイヤモンドの20パーセント、プラチナの15パーセントが北極圏で生産されている。調査が進めば北極圏の地下資源の種類と確認埋蔵量は、大幅に増大するだろう。さらに北極圏は、豊富な森林資源と海洋資源を誇っている。世界の漁獲量の５パーセントは北極圏で水揚げされている。加えて、気温の低さそのものが資源となっている。多数のコンピュータのための冷却設備の建設や、それを動かすための電気料金が不要だからだ。たとえばフェイスブックを運営するメタ社は、スウェーデンの北部に巨大なデータ・センターを建設している。また北極海の島の地下に種子の保存倉庫が建設されている例もある。

利用の可能性が高まった背景には、地球温暖化ばかりでなくテクノロジーの進歩がある。自然現象と人間の営みが合わさって、これまで閉ざされていた北極圏の開発が本格的に始まろうとしている。利用の可能性の高まりとともに、利用によるマイナス面も指摘されるようになった。航路としての利用が、北極圏の環境を破壊するのではないかとの懸念の声も上がり始めた。そして石油などの資源開発が本格化すれば、これも環境を脅かすだろう。2010年にメキシコ湾の海底での石油採掘現場で起こった事故による大量の油の流出なども想起される。豊かな資源と環境を保護しつつ、持続可能な形で、いかに北極圏を利用するのか、人類の英知が問われている。

こうした北極圏の資源開発や環境問題に関しての議論の場が1996年に

創設された北極評議会である。創設したのは、北極圏に領土を有する8ヵ国である。つまりカナダ、デンマーク、フィンランド、アイスランド、ノルウェー、ロシア、スウェーデン、アメリカである。加盟国のほかに、北極圏諸国に居住する先住民の6団体が加わっている。また、常任オブザーバー参加国としてフランス、ドイツ、ポーランド、スペイン、オランダ、イギリス、日本、中国、インド、イタリア、韓国、シンガポール、スイスの13ヵ国が参加している。その他に、いくつかのNGOなども常任オブザーバーとして加わっている。日本、中国、韓国、シンガポールなどのアジア諸国が参加しているのが注目される。

ちなみに北極圏の議論で使われる用語に北極海諸国と北極圏諸国の二つがある。繰り返しになるが、整理しておこう。前者の北極海諸国は、北極海に面している5ヵ国である。ロシア、カナダ、アメリカ、ノルウェー、デンマークである。将来グリーンランドがデンマークから独立すれば、デンマークの代わりにグリーンランドが北極海諸国の一つとなる。後者の北極圏諸国は、それにアイスランド、フィンランド、スウェーデンの3ヵ国を加えて8ヵ国になる。

開発や利用の可能性の浮上と共に、領有権の問題が表面化してきた。2001年ロシアが、北極点を含む北極圏海底の広い範囲を自国の大陸棚であると主張した。この主張が国際的に認められれば、北極圏の広大な海域がロシアの排他的経済水域となる。北極点までのロシア沿岸からの距離は優に500海里を超えている。国連海洋法条約で認められる大陸棚の幅に関しては350海里を限度とするとの解釈が一般的である。ロシアの主張は、それをはるかに超えている。ロシアに対してアメリカとデンマークが、主張の根拠が不明であるとして異論を唱えている。しかしロシアは、2007年8月に潜水艇を北極点の海底約4300メートルの深さに送りロボットアームを使ってチタン製のロシア国旗を立てた。そこが石油等の開発を独占的に行えるロシアの大陸棚であるとの主張であった。なお1海里は、およそ1852メートルである。つまり2キロメートル弱である。

カナダも、2013年12月に国境線を北極点まで拡大する申請を国連に対して行った。これに対してロシアとデンマークが抗議を表明している。2013年12月ロシアのプーチン大統領は、軍の幹部に北極圏での軍事力の整備を命じた。

こうしたロシアの北極に対する熱い姿勢は保有する砕氷船の数にも反映されている。建造中も含めるとロシアは原子力砕氷船を含む40隻を保有している。次がフィンランドで10隻である。アメリカは古い型のものを4隻しか保有していない。注目されるのは、北極海に面していない中国が、3隻の砕氷船を保有している事実である。日本は1隻のみである。

話を元に戻すと、ロシアの軍事力整備の動きに各国は反発している。北極海に対しては8ヵ国が領有権を主張している。いずれも北極圏に領土を保有する前述の国々である。つまりカナダ、デンマーク、フィンランド、アイスランド、ノルウェー、ロシア、スウェーデン、アメリカである。再度図13-5をご覧いただきたい。もう一度だけ確認すると北極圏とは、北緯66度33分以北の範囲である。

この北極圏の面積は地球の表面積全体の8パーセントにあたる。また北極圏の陸地の面積は地球の陸地面積全体の15パーセントを占める。アメリカの領土で北極圏に位置するアラスカ州は、172万平方キロメートルの面積を持つ同国で最大の州である。2位のテキサスの68万平方キロメートルと比べると、その広さが想像できる。またデンマークの自治領であるグリーンランドの面積は西ヨーロッパ全体よりも広い。こうした数値は、北極圏の途方もない広がりを想像する助けになるだろうか。

南極に関しては、各国が領有権の主張を凍結した南極条約がある。また、この条約は軍事利用や南極での資源開発を禁じている。ところが北極には、こうした決まりは存在しない。そもそも冷戦の最前線であったという経緯からして軍事利用を規制するという発想は、ここでは希薄である。

北極圏を巡る領有権争いとは別の理由で、アメリカはアラスカにミサイル迎撃用ミサイルの基地を保有している。これは北朝鮮からの長距離ミサイルの脅威を想定しての基地である。アジアから北米への最短距離が北極圏経由であるとの地理的な現実を教えてくれる基地でもある。

イルリサット宣言

冷たい北極海が熱い領有権争いの焦点となるのか、と懸念される。国際政治の熱さが氷解のスピードを加速しそうな勢いでさえある。だが言葉のやりとりの激しさに比べると実際の動きに関しては、北極海周辺諸国は冷静さを保っている。争いが始まり、国際法的な秩序が乱されれば、莫大な投資を必要とする資源開発などは始まるはずもない。どの企業も、そうしたリスクを背負おうとはしないからである。経済的な利益への関心が、領有権主張への衝動を抑えているのだろうか。

これまで各国は、1982年に採択された国連海洋法条約に基づいて領有権問題を解決しようとしてきた。そして2008年には北極海に面する５ヵ国すなわちアメリカ、カナダ、ロシア、ノルウェーとグリーンランドを領有するデンマークの代表が、そのグリーンランドのイルリサットに会して宣言を採択した。これはイルリサット宣言として知られ、５ヵ国は、北極海の利用と環境保全のための協力を誓い、その基礎として既存の国際法を尊重すると表明した。これは国連海洋法条約を尊重すると表明したに等しい。条約の名前が宣言に出てこないのには理由がある。167ヵ国とEU（欧州連合）が、この条約を批准しているにもかかわらず、実はアメリカが例外だからである。つまりアメリカは国連海洋法条約を批准していないからである。共和党のレーガン大統領の時期の1982年に採択された国連海洋法条約には、国内の保守勢力からの反発が強く、アメリカは今日までこの条約を批准していない。しかし、にもかかわらずアメリカはイルリサット宣言で、名前こそ明記していないものの、この条約を尊重すると表明したわけだ。さらに5ヵ国は、この宣言の中で北極評議会での協力を約した。

下の図13-8をご覧いただきたい。この宣言通りに、その後にロシアとノルウェーの間の領有権紛争が平和裏に交渉によって解決した。これ

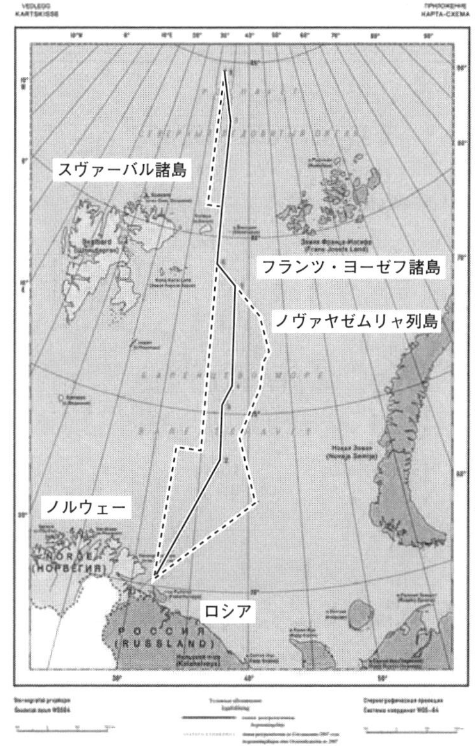

図13-8　ロシア・ノルウェーの合意線
左側の点線がロシア、右側の点線がノルウェーの主張線。中央の実線が合意された線
出典　国立国会図書館『外国法』No. 245-2, 2010. 11

は1970年代から続いていたバレンツ海をめぐる争いであった。2010年9月両国は海域の、ほぼ中間線での分割で合意した。

北極圏を巡る問題が全て解決しているわけではない。しかし、これまでのところ各国は外交によって問題を一つ一つ氷解させようとの慎重な姿勢を貫いている。つまり冷たい北極海の問題に冷静な外交で対応してきた。

中国と韓国

北極評議会に北極圏以外の国々がオブザーバー参加している事実には既に触れた。特に中国の動向に注目が集まっている。2013年5月、北極評議会は中国、日本、韓国、インド、シンガポール、イタリアにオブザーバーの地位を与えた。その中国は、アイスランド、そしてデンマークの自治領であるグリーンランドに興味を示している。

まずグリーンランドは、人口が6万人弱の巨大な島である。そのサイズは200万平方キロメートル以上である。これは日本の陸地面積約38万平方キロメートルの5倍以上になる。さて、この巨大な島は自治領である。その自治の意味は何か。グリーンランドは独立国家ではなくデンマークの一部である。外交や軍事の面での決定権をデンマークが握っている。だが、それ以外の大半の政治的な決定をグリーンランドの住民が、デンマークの首都コペンハーゲンの指示を受けずに下せる。これが自治の意味である。自治領とは、そうした地域である。デンマークは、1979年からグリーンランドの人々に限定的な自治を与えた。そして2009年には天然資源に関してもデンマークの支配が終わった。つまりグリーンランド人が決定権を得た。そして資源開発のために中国や韓国が投資を始めている。投資額が増えれば、グリーンランドは独自の収入源を獲得することになる。現在デンマークから年6億ドルの援助を受けているが、それが不要になった際には、グリーンランドの人々は完全な独立国家を目指すようになるだろう。

2014年５月の評議会で注目されたのは、アメリカを代表してジョン・ケリー国務長官が出席した点である。その前のヒラリー・クリントン国務長官の時代からアメリカ外交のトップである国務長官が北極評議会に出席するようになった。そして2021年にはアントニー・ブリンケン国務長官が出席した。アメリカの北極を見る目も熱くなっている。

話を中国に戻すと、2012年４月に温家宝首相がアイスランドの首都レイキャビクを公式訪問し、次にデンマークの首都コペンハーゲンに向かった。そこではグリーンランドについて協議した。中国はアイスランドでは港湾施設に興味を抱いている。そして2013年４月に中国とアイスランドは自由貿易協定に署名した。両国は2007年から、協定のための交渉を進めていた。ヨーロッパで中国と自由貿易協定に署名したのは、アイスランドが初めてである。同国のシグルザルドッティル首相は「中国が北極の平和的開発・利用に参画することを支持する」と表明した。同時に「北極圏開発で技術協力を進めたい」とも述べた。

経済協力の見返りに、中国はアイスランドから自国の北極圏への進出に支持を取り付けた形だ。中国は、北極圏を通過してアジアと欧州を短距離で結ぶ北極海航路の開発など、北極海進出に意欲を示している。その翌月の５月に中国は前にも言及したように、北極評議会のオブザーバーとなった。また同国の砕氷船「雪龍」が同年８月にはレイキャビクに入港した。

グリーンランドに関しては、中国は地下資源に注目しているようだ。この北の島では、鉄鉱石、石油、レアアースなどの資源の存在が確認されている。レアアースは、ハイテク製品などの生産で不可欠な物質で、中国が世界の生産量の大半を占めている。2010年に尖閣諸島をめぐる対立が激化した際に、中国が日本に対するレアアースの輸出を停止した事件があった。レアアースの重要性に関しては後に再び論じたい。またルビー、サファイアなどの宝石の存在も知られている。グリーンランドに興味を示すアジアの国は、中国だけではない。韓国大統領の李明博も2012年9月にグリーンランドを訪れている。付け加えれば、韓国の造船業界は北極圏航路用のタンカーや輸送船の建造で世界をリードしている。

日本

さて日本の北極への関わりは、どうであろうか。日本は、第二次世界大戦前の白瀬矗（しらせのぶ）中尉の南極探検以来、極地の研究に従事してきた。1982年には日本隊が南極の上空のオゾン層に穴が広がっている事実を発見した。いわゆるオゾンホールの発見である。これは、その後の地球環境問題の議論に大きな影響を与えた。前にも見たように、オゾン層が宇宙からの有害な光線が地上に降り注ぐのを妨げている。もしオゾンホールが拡大すれば皮膚ガンなどの発生が増えると懸念される。オゾン層を傷つけると考えられているガスの使用の禁止などが、この発見によって促（うなが）された。

1960年代からは南極ばかりでなく、日本は北極の研究にも力を注いできた。そして1973年に、そうした活動の拠点として国立極地研究所を創設した。さらに1990年には同研究所の中に北極の調査に特化した北極環境研究センターを設置した。加えて1991年にはノルウェー北部のスヴァールバル諸島のスピッツベルゲン島のニーオーレスンに観測基地を設けた。そしてドイツやカナダなど各国との北極圏に関する共同研究にも取り組んできた。

北極圏の研究に従事しているのは、国立極地研究所ばかりではない。独立行政法人の海洋研究開発機構は、北極海での海洋や海氷に関する研究を進めているし、宇宙航空研究開発機構も、衛星を利用して北極圏の大気、海洋、雪、氷などの研究を行っている。また1990年代から日本は積極的に北極航路に関する国際調査にも関与してきた。

地方自治体も北極圏に興味を示し始めた。北極海航路のハブつまり拠点になる港として、北海道は苫小牧を売り込もうとしている。また新潟や富山も興味を示している。だが韓国には釜山、中国には大連そして上海と強力なライバルが存在している。

民間企業の間でも北極に対する興味が高まってきた。2013年には日本の石油会社が北極圏の資源の調査に参画し始めた。また天気情報を提供する日本の民間会社のウェザーニュース社が、北極海の海氷の状態を調査する人工衛星を打ち上げた。

クールな北極海

ここでは、北極海の開発をめぐる各国の動きを紹介した。驚くべきは、大きな衝突が、これまで発生していないという事実である。北極海を巡る交渉が、これまで平和裏に進んできたのは、なぜだろうか。北極海の沿岸国にはロシアとアメリカという冷戦期から対立してきた国家が存在する。にもかかわらず衝突が避けられてきたのは、なぜだろうか。一つの理由は、ロシアを含め、周辺国が北極海の開発からの利益を望んでいるからだ。北極海の開発には莫大な投資が必要であり、そのためには国際法的な安定が求められる。誰の物か分からない海域であれば、企業にしろ国家にしろ大規模な投資には、ためらいを覚えるだろう。つまり利益の大きさ、そして、その利益を得るための投資額の大きさが、妥協へと各国を動かしたと言えるのだろうか。本章で見たロシアとノルウェーによるバレンツ海の平等な分割に、そうした要因を見ることが可能だろうか。核大国ロシアと人口数百万の小国ノルウェーが外交的に対等に渡り合い、勝者も敗者もない形での領海問題の決着を見た。冷静に考えれば、驚くべき事実ではないだろうか。

ちなみに北極圏でのエネルギー開発のための投資額の規模は千億円単位になる。たとえば、あるイギリスの企業はグリーンランド沖に千億円を投資している。またオランダに本社を置く世界的なエネルギー企業のシェルは、すでにアラスカに実に５千億円を投資している。国際法的な安定がなければ、こうした大規模な投資の決断は誰も下せないだろう。豊かな資源と環境を保護しつつ、平和で持続可能な形で、いかに北極圏を利用するのか、人類の英知が問われている。

3. エネルギーシフトの国際政治

電気自動車の衝撃

これまで人類が依存してきた化石燃料つまり石油や石炭の使用をやめ、再生可能なエネルギーに乗り換えようとの動きが目立ち始めた。これをエネルギーシフトと呼ぼう。

特に注目されるのは、ガソリン車から電気自動車への移行である。たとえばイギリスである。2020年末に同国は、2030年までにガソリン車とディーゼル車（ディーゼル車は、石油から抽出される軽油を燃料としている）の新車販売を禁止すると発表した。つまり石油で走る車の禁止である。これは、温暖化ガスを直接に排出しない電気自動車の普及を力づくでも進めるとの意志表明である。

こうした動きはイギリスだけに止まらない。ノルウェーが、2025年以降のガソリン車の販売禁止を発表しているのを筆頭に、スウェーデン、オランダ、アイルランド、アイスランドなども2030年をめどに販売禁止を発表している。少し遅れてスペインとフランスが2040年という時期を公表している。特に注目されるのは自動車大国のドイツである。この国は2030年という目標を公表している。

北米では、カナダのブリティッシュコロンビア州やケベック州がガソリン車やディーゼル車の販売を2030年代の中盤から規制する。アメリカでは、自動車の燃費や環境規制の問題で常に先頭を走ってきたカリフォルニア州が、2035年にはガソリン車、ディーゼル車、ハイブリッド車の販売を禁止する。そして中国も、同じように2035年には電気自動車以外の販売を禁止する。

そして地球温暖化対策の推進を訴えて2020年の大統領選挙戦を闘い当選したジョー・バイデンは、大統領に就任した直後の2021年２月に、アメリカ連邦政府が所有する車輛を電気自動車に入れ替えるとの方針を発表した。連邦政府は郵便配達用のトラックを含め約65万台の車両を保有している。その全体を電気自動車に置き換えるとなると、それなりの大きな需要となる。特に電気で走るトラックなどは、いまだに生産されていない。自動車メーカーにとっては、商機である。だが同時に技術的にも大きな挑戦となるだろう。

菅政権のクリスマス・プレゼント

日本の菅政権もバイデン政権の発足の２週間前のクリスマスに、つまり2020年12月25日に「グリーン成長戦略」を発表した。これは2050年の温暖化ガス排出ゼロに向けた実行計画とされている。具体的には、2050年における再生可能エネルギーの比率を５～６割まで引き上げようという政策である。これは、現在の比率の３倍という野心的な計画である。自動車、蓄電池、水素、洋上風力発電などの14分野での工程表が公表されている。この中で一番の目玉は自動車である。2030年代半ばまでに日本の自動車を全て電気自動車にしようという計画である。

こうした脱ガソリン車への動きは都市レベルでも起こっている。たとえば東京都の場合には小池知事が2030年代までには都内を走る自動車の半分を電動車やハイブリッド車にするとの目標を掲げてきた。そして、一台当たり30万円の補助金を購入者に出してきた。前にも言及したハイブリッド車というのは、ガソリンと電気の両方を動力に使用する車である。ガソリン走行時に電力を起こし、それを利用する。その結果、単位ガソリン当たりの走行距離がガソリン車に比べて長い。電気自動車などの普及までの期間、ガソリン車と電気自動車の間をつなぐ存在と見られてきていた。日本が技術面でリードしている分野である。ただしハイブリッド車の製造には中国が生産面で大きなシェアを持つレアアースが重要になる。前にも述べた通りである。

ところが、2020年末に小池都知事は、都内を走る車の半分ではなく販売される車の全部を電気自動車やハイブリッド車に置き換える方針を発表した。そして、その期限として2030年を掲げた。日本政府の目標とする2030年代半ばよりも５年早い2030年の目標達成を掲げたわけだ。こうした国や地方自治体レベルでの流れを受けて、日本の自動車メーカーは、開発支援の補助金の拡充などを期待している。

それでは、提案されている目標は実現可能なのだろうか。先進工業諸国にとっては、十分に達成が可能な目標だろう。たとえば参考までに紹介すると、この脱ガソリン車のレースで先頭を走るノルウェーでは、電気自動車の比率が既に４割を超えている。どうも、後10年もするとガソリン車やディーゼル車は先進工業諸国では買えないという時代になりそうである。

一時期は石油資源が枯渇しそうだという議論もあったが、現在はシェール石油の開発もあり、石油が枯渇するという議論は下火になっている。にもかかわらず、なぜガソリン車を見捨てようとするのだろうか。

それは電気自動車の方が環境に優しいからである。

過去において人類が石器時代から青銅器時代へ移行し、さらに鉄器時代に向かったのは、石ころがなくなったからではなく、銅器や鉄器の方が優れていたからである。枯渇していないのに、人類は石油を見捨てガソリン車から電気自動車の時代へと移行しようとしているのだろうか。

この変化は、世界の自動車産業の構図を塗り替えるほどの大きな衝撃となりそうである。日本にとっては、自動車産業は長い時間を掛けて育ててきた基幹産業である。現在、ガソリン車の製造には約３万点の部品が必要と言われている。その部品の製造が、日本の場合には多くの雇用を支えている。ところが、電気自動車の場合には構造が比較的に簡単になり、必要な部品の数は半減する。部品製造部門で失われるであろう雇用をどうするのか。日本は経済的な社会的な問題に直面するだろう。

具体的な数字をあげよう。現在、日本では自動車製造が91万人を超える雇用を支えている。その８割近くの69万人は部品製造に従事している。もし電気自動車が主流となり、必要な部品の量が半分になれば、単純計算で35万人近くの人々が職を失う。

さらに現在の電気自動車の価格が大幅に低下しない場合には、都市部での自動車離れが加速して需要の減退につながるだろう。そうした懸念が自動車メーカーで抱かれている。というのは電気自動車の方がガソリン車より高価だからだ。

世界の自動車生産がガソリン車から電気自動車に移行する場合には，自動車の動力原であるモーターを動かす電力源の電池の製造技術が決定的に重要になる。中国が力を入れている分野である。また電気自動車の製造にはレアアースが不可欠とされる。既に見たように、この分野でも中国が圧倒的なシェアを誇っている。ということは、電気自動車時代の到来は中国の自動車大国としての台頭と日本の自動車産業の没落を意味しかねない。どこの国の自動車産業が、電気自動車の時代に生き残るのだろうか。その結果が、世界の自動車産業の構図を決める。それが，エネルギーシフトの意味である。菅政権のクリスマス・プレゼントの宛先は、新しい世界の産業地図なのだろうか。

〔関連年表〕

1969年７月　アポロ宇宙船の月面着陸
1970年３月　大阪万国博覧会開幕
1972年６月　国連人間環境会議
1972年３月　ローマ・クラブ『成長の限界』を発表
1973年10月　第一次石油危機
1979年５月　グリーンランドの自治の始まり
1982年４月　国連海洋法条約の採択
1986年４月　チェルノブイリ原子力発電所事故
1991年１月　湾岸戦争
1992年６月　地球サミット（リオデジャネイロ）／生物多様性条約など調印
1996年９月　北極評議会の創設
1997年12月　京都議定書
2001年12月　ロシアが北極点までの広大な大陸棚の領有権を主張
2007年８月　ロシアが北極点に金属製の国旗を設置
2008年５月　イルリサット宣言
2009年６月　グリーランドの自治権の拡大
2010年４月　メキシコ湾での原油流出事故
2010年９月　バレンツ海の分割
2012年４月　中国の温家宝首相のアイスランド訪問
2012年９月　韓国大統領の李明博がグリーンランドを訪問／ロシアのプーチ

ン大統領が北極圏での軍事力の整備を命じる

2013年４月　中国とアイスランドが自由貿易協定

2013年５月　中国、日本、インド、シンガポール、イタリアが北極評議会のオブザーバーとなる

2015年９月　SDGs の採択

2015年12月　パリ協定

2016年12月　アメリカ大統領選挙、トランプ当選

2019年11月　アメリカ、パリ協定から離脱を正式通告

2020年12月　アメリカ大統領選挙、バイデン当選

2021年１月　アメリカ、パリ協定へ復帰

2030年　イギリス、ドイツ、東京都などでガソリン車などの販売禁止（予定）

2035年　カリフォルニア、中国、日本などでガソリン車などの販売禁止（予定）

2040年　スペイン、フランスなどでガソリン車の販売禁止（予定）

注記：本章は、拙著『現代の国際政治――９月11日後の世界』（放送大学教育振興会、2008年）の第14章「環境保護の政治力学」と同じく拙著『世界の中の日本／グローバル化と北欧からの視点 新訂』（放送大学教育振興会、2015年）の第８章「北極海／クールな外交の海」の骨子をふまえ発展させた内容となっている。本稿が現段階における環境を巡る国際政治に関する筆者の最新の知見の反映である。なお、電気自動車やハイブリッド車を巡る政治と経済の動きに関しては、一般社団法人国際開発センター顧問の畑中芳樹氏の一連の議論とデータから多くを教えられた。記して謝意を表したい。

14 宗教と国際政治

高橋和夫

ソロモン大王、ネブカドネザル、ローマ帝国、ペルシア帝国、ムハンマド、十字軍、サラディン、マムルーク朝、オスマン帝国、イギリス、ヨルダン、イスラエル

（歴代の数多くのエルサレムの支配者の中から）

1.「宗教紛争」という説明

宗教と国際政治とのタイトルを掲げているのだから、宗教の国際政治に与える影響の重要性に関して説く章と思われるかもしれない。ところが実は、本章の狙いは、その反対である。宗教の知識は重要だが、国際政治の現象を宗教に軸足を置いて説明しようとするのは非生産的である。これが本章の趣旨である。

地域紛争があると、よく「宗教紛争」とか「宗派対立」という「解説」を耳にする。しかし、宗教紛争とか宗派対立の定義を慎重に考えないと、この説明に騙（だま）されてしまう。違う宗教を信じる人々が対立する現象は、しばしば起こる。違う宗派の人々の対立も珍しくない。しかし多くの場合は、宗教や宗派の教義を巡って争っているわけではない。どちらの宗教が正しいと言って当事者たちが争っているわけではない。紛争になっているのは、ある土地を、どちらの宗派に属する人間が所有すべきかという問題である。教義ではない。であるならば宗教紛争とか宗派対立と表現するより、領土紛争とか土地争いと書く方が現実に

忠実ではないだろうか。

宗教紛争として説明される代表例としてパレスチナ問題をとりあげ、その説明の虚構性を指摘したい。そして、以下を強調したい。つまり、宗教というキーワードは、往々にして問題の本質に迫る邪魔となる。

だが、その前に、中東地域の情勢を語る際によく言及される宗教や宗派に関して説明しよう。それらはユダヤ教、キリスト教、イスラム教である。そしてイスラム教の二つの宗派のスンニー派とシーア派である。宗教に関して語るのは、その知識があれば、何事も宗教で説明しようとする傾向への免疫になるのではないかと思うからである。また宗教に基づいた表現の理解を助けるからである。

2. 三つの兄弟宗教

イスラム教は、キリスト教とユダヤ教の延長線上に位置している。キリスト教はユダヤ教をふまえて誕生した。つまりユダヤ教、キリスト教、イスラム教は兄弟宗教と見ることができる。これが、この三宗教に関する知識の、よく近ごろ耳にする表現を借りれば、１丁目の１番地だろうか。

さて宗教には二種類が存在する。神が多数存在するとするものと、神は一つしか存在しないとするものである。前者には八百万（やおよろず）の神を信じる日本の神道や、キリスト教の広がる以前の古代ギリシアや古代ローマの宗教がある。後者の代表には、ユダヤ教、キリスト教、イスラム教がある。この三つの宗教は、いずれも一神教である。これも１番地くらいに重要な点だろうか。ここではユダヤ教、キリスト教、イスラム教の位置関係を確認したい。

既に触れたように、この三つの宗教の内で一番古いのはユダヤ教である。これは神とユダヤ教徒の間の契約という考え方の宗教で、ユダヤ教徒は神の教えを守り、神は世の終わりにユダヤ教徒を救うという思想である。この宗教の唯一の神はヤーヴェとされる。

さて人が神の教えに従って生きるためには、人は神の教えを知らねばならない。どうやって神の教えを知るのだろうか。それは預言者を通じてである。神は、その言葉を聞く預言者を遣（つか）わされた。ユダヤ教には多くの預言者が登場する。日本人にも一番なじみのあるのは、モーゼだろうか。聖書によれば、かつてユダヤ教徒たちは奴隷としてエジプトで苦しんでいた。そのユダヤ教徒たちを率いて預言者のモーゼがエジプトを脱出した。エジプト軍に追われたユダヤ教徒たちは紅海に達した。モーゼは紅海を割って道を作り、ユダヤ教徒はシナイ半島へ渡った。エジプト軍が、この道を通ってモーゼらユダヤ人を追おうとした。だが海水が戻りエジプト軍は水没した。この話は1956年に封切られたチャールトン・ヘストン主演の映画『十戒』でも描かれている。

このユダヤ教の流れから出てきたのがキリスト教である。およそ2000年前にユダヤ教徒として生まれたイエスは、自らを神の子と名乗った。自らの教えを信じる者は救われると説いた。その神は、やはり唯一神である。英語では、唯一の神をゴッド（God）と呼ぶ。これはユダヤ教徒がヤーヴェと呼ぶ神と同じである。キリスト教の教えによれば、神と人間との約束はイエス以降、新しい段階に入った。ユダヤ教が教える約束は古くなった。イエス以降の新しい約束の時代に入った。それまでのユダヤ教の教えを伝える聖書は、キリスト教徒からは旧約聖書と呼ばれる。古い約束の書という意味である。そしてイエス以降の教えの本は、新約聖書と呼ばれる。旧約と新約の「約」は神と人間の契約の約であり、約束の約である。この二つの部分を合わせて聖書とするのがキリスト教的な理解である。もちろんユダヤ教徒はイエスを神の子とは認めていない。

聖書はキリスト教徒が旧約と呼ぶものしか認めない。したがって、聖書に言及するに当たって新約とか旧約とかの言葉を使うと、それはキリスト教の立場からの言及になる。

そして、イエスから600年ほど後に、現代からさかのぼると約1400年前にアラビア半島でムハンマド（マホメット）がイスラム教を創始した。イスラム（アラビア語により忠実ならばイスラーム）とは「服従」との意味である。何に服従するのかと言えば神の意思である。それでは神の意思を人はいかにして知るのだろうか。それは神のメッセージをもたらす人である預言者を通じてである。

イスラム教は単にイスラムとして言及される場合もある。それは原語のアラビア語のイスラムに宗教という意味が含まれているからである。原語に、つまりアラビア語に忠実との発想からイスラムはイスラームと表記される場面が増えた。本書ではイスラムあるいはイスラム教という表記を使う。それは原語主義を否定するからではなく、アラビア語のできる方にはイスラムはイスラームであると理解できるだろうと想像するからである。またアラビア語を知らない方には、イスラムもイスラームも関係ないだろうと考えるからである。より重要には、「イスラム」は必ずしも常にイスラームと発音されるわけではないからである。イランなどのペルシア語が母語として使われる社会では、その発音はイスラームよりもエスラームに近く聞こえる。カタカナで外国語を表記する限界を感じる場面である。

さて預言者を通じて神の教えを受けるというユダヤ教の伝統に近い考え方である。事実イスラムは、ユダヤ教そしてキリスト教を神の教えを伝えた聖なる宗教として尊重する。違いは、神の一番新しいメッセージが預言者ムハンマドによってもたらされたとする認識である。イスラムの視点からは、ユダヤ教、そしてキリスト教の延長線上にムハンマドの

宗教	唯一神
ユダヤ教	ヤーヴェ
↓	‖
キリスト教	ゴッド
↓	‖
イスラム教	アッラー

図14-1　一神教の系譜

教えは位置している。したがってイスラムの神も唯一神である。これをアッラーとアラビア語で呼ぶ。ユダヤ教やキリスト教の神と別のアッラーという神がいるという認識ではない。イスラム教徒もユダヤ教とキリスト教徒と同じ神をあがめている。アッラーとは、アラビア語で唯一神という意味である。英語のゴッド God に当たる。図14-1を参照されたい。

この唯一神が人類の発展段階に合わせて預言者を遣わしたとの認識がイスラム教にはある。イスラム教ではイエスは預言者として尊敬されているが、神の子とは見なされていない。ちなみにイエスはアラビア語ではイーサである。イーサという名前のイスラム教徒は少なくない。イーサつまりイエスは、あくまで人間と見なされている。

ムハンマドが伝えた神のメッセージは、コーラン（アル・クルアーン）として知られる。なおムハンマドは自らを最後にして最大の預言者と呼んでいる。それゆえ、ムハンマド以降に預言者が遣わされることはイスラム教的には有り得ない。イスラム教は最後にして最新の神の教えと理解されている。

こうしたユダヤ教、キリスト教、イスラム教の相互関係はイスラム教

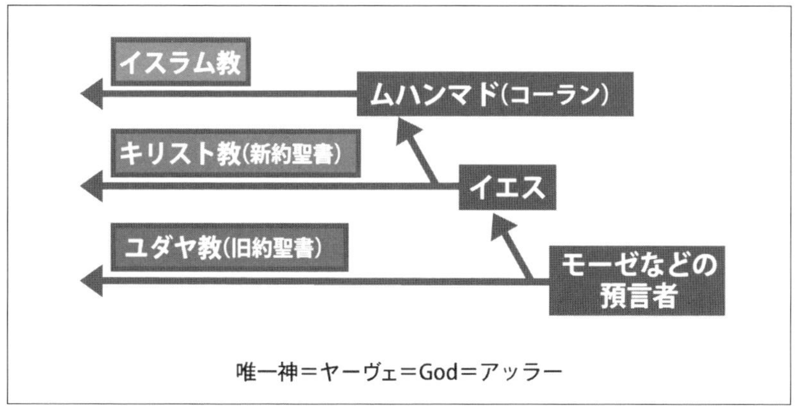

図14-2　三宗教の位置関係

の視点からは次の概念図（図14-2）のようになろう。同じ唯一神を、ユダヤ教徒もキリスト教徒もイスラム教徒も拝んでいるという認識である。繰り返そう。イスラム教徒だけがアッラーの神という違った神を信仰しているわけではない。三つの宗教が共通して聖地として見なす土地が存在するのは、この理由からである。たとえばエルサレムである。この都市は、ユダヤ教徒にとっても、キリスト教徒にとっても、イスラム教徒にとっても聖地である。もう一例を挙げれば、ユダヤ教徒が祖先と考えるアブラハムは、キリスト教徒にとってもイスラム教徒にとっても祖先である。なおアブラハムは、アラビア語ではイブラーヒームと表現される。このアブラハムの墓と信じられている場所が、パレスチナのヨルダン川西岸のヘブロンに存在する。

2020年にアラブ首長国連邦とバーレーンがイスラエルと国交の樹立で合意した。この合意はアブラハム合意と呼ばれる。ユダヤ教徒の国とイスラム教徒の国々が共通の先祖だとみなす人物の名を合意に冠したわけだ。宗教の知識は、なぜアブラハム合意と名付けられたのかを理解する助けとなる。しかし、なぜ合意が、この時期に結ばれたのかは、何も説明してくれない。急に両者の宗教認識が変わったわけでもないだろう。この合意を説明する要因の一つは、両者が共通の脅威とみなすイランの影響力の拡大であろう。アブラハム合意は、宗教の知識は重要だが、それだけでは不十分だという例だろうか。

3. キリスト教のふるさと

日本にはキリスト教はヨーロッパやアメリカから伝えられた。それゆえ、何となく日本人はキリスト教が欧米の宗教だと思い込んでいる。確かに人口的に見れば欧米ではキリスト教の信者が、圧倒的な多数を占めている。しかし、キリスト教は中東に起った宗教である。そして現在もキリスト教は中東で生き続けている。多数派ではないがパレスチナ人の多くはキリスト教徒である。パレスチナ解放機構の議長を長年務めたヤーセル・アラファト（1929年～2004年）の妻のスーハはキリスト教徒である。エジプトの人口の約１割は、やはりキリスト教徒である。

かつて十字軍という運動があった。聖地を異教徒から奪回するという名目でヨーロッパのキリスト教徒が中東を侵略した事件である。しかし、エルサレムを含む聖地には、現在の地名を使えばパレスチナでは、イスラム教徒、ユダヤ教徒そしてキリスト教徒が共存していた。もちろんローマを本部とするカトリック教会の信徒ではなかったのだが。

中東現地の感覚から見れば、十字軍はヨーロッパのキリスト教徒が一方的な思い込みと思い違いと思い上がりで組織した迷惑な存在であった。十字軍はエルサレムを征服した際にはイスラム教徒、ユダヤ教徒、そして現地のキリスト教徒を虐殺した。くるぶしまで血に浸かりながら、ヨーロッパからの「キリスト教徒」は神に勝利を感謝する祈りを捧げたと伝えられている。キリスト教がヨーロッパの宗教であるとの思い込みが生んだ悲劇であった。この史実ゆえに、中東では十字軍（Crusaders クルセイダーズ）というのは、途方も無く否定的な言葉である。アラビア語では「サリービー（十字軍）」、あるいは「サリービーユーン（十字軍将兵）」である。

アメリカのジョージ・W・ブッシュ大統領が2001年のアメリカでの同時多発テロ以降のテロとの戦いを新しい「十字軍」と言及した際には、中東の人々のため息が聞こえそうな気がした。この人は歴史を知らないと。ちなみにアメリカの歴史には二人のブッシュ大統領がいる。親子である。この発言は、息子の方のブッシュの口から出た。

4．イスラム教徒は左ききか？

それでは、イスラム教が広がる中で、どうしてキリスト教やユダヤ教は生き延びることができたのだろうか。この質問自体が、実はヨーロッパ的な発想である。たとえば現在のポルトガルとスペインのあるイベリア半島では、キリスト教徒のレコンキスタ（再征服）という運動があった。これはイスラム教徒の支配下にあるイベリア半島をキリスト教徒が奪い返した運動であった。1492年にイスラム教徒の最後の拠点であったグラナダが陥落してレコンキスタが完成する。

その際にキリスト教徒たちが、イベリア半島のイスラム教徒とユダヤ教徒に選択を迫った。その選択は、キリスト教へ改宗するか、追放されるかであった。多くのイスラム教徒やユダヤ教徒が、イベリア半島を逃れて中東・北アフリカ地域へと移動した。当時この地域を支配していたオスマン帝国のスルタンは、イスラム教徒のみならずユダヤ教徒を暖かく受け入れた。まじめに働いて税金を払ってくれるユダヤ教徒を宗教の違いを理由に迫害するなどオスマン帝国のスルタンにしてみれば、狂気の沙汰（さた）であった。この当時にスペインから移住したユダヤ教徒の子孫のコミュニティが、現在でもイスタンブールに残っている。15世紀のスペイン語を保存しながら。

この例のようにヨーロッパのキリスト教徒たちは、自分たちが異教徒に改宗を強制したり迫害をしたりしたために、イスラム教徒もそうだったろうとの偏見を抱いてきた。その偏見を表す言葉が「右手にコーラン、左手に剣」である。この言葉を掲げてイスラム教徒は異教徒にイスラム教への改宗を迫った、とヨーロッパでは語られてきた。それが日本にも輸入された。

しかし右手にコーランを左手に剣を持っていたとすれば、イスラム教徒は左利きばかりだろうか。この話の嘘っぽさである。この話には変種もあって、それによれば「右手に剣、左手にコーラン」というスローガンが使われる。しかし、これも怪しい。イスラム教徒は左手を不浄の手と見なすので、聖なるコーランを左手で持つとは考えられない。いずれもヨーロッパのキリスト教徒が、自分たちならば、こうであろうとする想像をイスラム教徒に押し付けたに過ぎない。

それではイスラム教徒たちは、征服地のキリスト教徒やユダヤ教徒と、どのように接したのであろうか。先に触れたように、イスラム教はユダヤ教とキリスト教を良き宗教として尊重する。イスラム教徒は、征服後も両教徒を聖典の民として保護した。イスラム教が広がり始めた頃には、非イスラム教徒にのみ納税の義務があったので、もし非イスラム教徒が皆イスラム教に改宗してしまえば、納税者がいなくなる。こうした経済的な理由からも強制改宗は、なかった。中東にユダヤ教徒とキリスト教徒が生き延びた背景である。イスラム世界とは、そもそも他の宗教の信徒との共存を前提としており、イスラム教徒のみの空間ではない。

5. イスラム教のスンニー派とシーア派

さて、そのイスラム教の宗派の話である。イスラム教には多くの宗派がある。その中でもよく知られているのがスンニー派とシーア派である。この二つの宗派は、どこから出てきたのか。

預言者ムハンマドがイスラム教を説き始めた時には、イスラム教の信徒の集団の指導者は明らかであった。ムハンマドである。ちなみにイスラム教の信徒をアラビア語ではムスリムと呼ぶ。これは男性形で女性形はムスリマとなる。

ムハンマドが亡くなると、誰が次の指導者となるべきかで論争が起こった。後継者問題が生じたわけだ。後継者はアラビア語でハリーファと言う。これが日本語ではカリフとなっている。カリフとなったのはアブーバクルだった。次はオマルで、その次がオスマンだった。そしてオスマンの次のカリフがアリだった。

2014年にイラクとシリアの広い地域を支配する「IS（イスラム国）」と名乗る組織が登場した。そして、その指導者はアブーバクルと自称した。明らかにムハンマドの後継者がアブーバクルであったという歴史的な事実をふまえての主張であった。イスラム史への知識があれば、こうしたレトリックの意味を理解する助けになる。だが、もちろん、なぜISが登場したのかという説明は、当時の政治的、社会的、経済的な状況への考察なしには不可能である。繰り返そう。宗教の知識は重要ではあるが、それだけでは十分ではない。逆にわかったつもりにさせて、理解の邪魔をする場面さえある。

さて7世紀に話を戻すと、この後継の順位を良しとするのがスンニー派である。この順序ではなく、イスラム教の信徒集団の指導者の地位は預言者ムハンマドから直接にアリへと引き継がれるべきだったと考えるのがシーア派である。

それゆえシーア派は、アブーバクル、オマル、オスマンの三人はカリフの地位に就くべきではなかったと考えている。この三人を不当に権力を奪ったよこしまな人物だとみなしている。したがって、シーア派は、この三人の名前を子供には付けない。であるのでアブーバクル、オマル、オスマンという名前ならスンニー派だろうと推測できる。預言者ムハンマドとアリは、シーア派にもスンニー派にも尊崇されているので、どちらの宗派にも多い名前だ。

さてイスラム教徒の大半はスンニー派に属している。だがイランは例外的で人口の大半がシーア派である。シーア派が人口の過半数を占める国としてはイラクそしてバーレーンがある。レバノンにも、かなりの数のシーア派が生活している。またシリアにはアラウィー派と呼ばれる少数派がいる。このアラウィー派がシーア派の分派なのかどうかに関しては議論がある。イスラムの宗派に関しての知識の基礎を述べた。これも１丁目の１番地的な種類の知識だろうか。なにやら１丁目の１番地が段々と密になってきた。記述を前に進めよう。

6. パレスチナ問題

やっと実際の地域紛争を語り、その中で宗教の役割を語る準備ができた。まずパレスチナ問題である。この問題に関しては、イスラム教とユダヤ教の宗教対立という解説に出会う場面が多い。しばしば根の深い「イスラムとユダヤの2000年来の宗教対立」といった言葉で語られる。しかし、こうした解説は事実に対応していない。預言者とされるムハンマドが、イスラム教を説いたのは７世紀である。したがってイスラム教には、まだ1400年ほどの歴史しかない。となれば2000年も争っているはずがない。また問題の発生以前から、もともとパレスチナに生活していた人々の多くは、つまりパレスチナ人の多くは、キリスト教徒である。となると問題をイスラムとユダヤの対立にしてしまうと、キリスト教徒が問題から切り捨てられてしまう。この点も、現実と対応していない。またキリスト教徒に対して失礼である。

さらに現地では、イスラム教が正しいのか、あるいはユダヤ教が正しいのかといった宗教論争を人々が繰り広げているのではない。イスラム教徒にとっても、ユダヤ教徒にとっても、あるいはキリスト教徒にとってみても、自らの宗教が正しいのは自明であり、他の宗教を信じる人々と、神学上の理由で争っているのではない。それぞれの宗教の優越を競っているわけでもない。

争いはパレスチナという地域を誰が支配するかをめぐってである。特に問題となっているのは、その中のエルサレムという土地である。これは土地争いであり、それに付随する水争いである。川の水と地下水を誰が支配するかという争いである。高度な神学論争などではない。

2000年来の問題という解説に次いで気になるのは、次のようなパレスチナに関する解説である。この説によると、1948年のイスラエルの成立によって問題が発生した。これは2000年来の宗教の怨念説（おんねんせつ）よりは、やや罪が軽い。しかし、やはり正確ではない。というのはパレスチナをめぐる争いは、イスラエルの成立以前にすでに起こっていたからである。もちろん1948年のイスラエルの成立は大きな事件であった。それを過小評価する必要はない。しかし、ここから紛争の歴史を始めてしまえば、それ以前の問題を切り捨てる結果となる。正確に言えば、1948年以降に問題が、より深刻になった。

この争いは2000年来の問題ではなく、しかも1948年以降の問題ではない。それでは、いつごろに、この問題は起こったのか。それは19世紀末

図14- 3　パレスチナとその周辺

である。この頃に、ヨーロッパからユダヤ人がパレスチナへ移住を始めた。そして先住のパレスチナ人との間に問題が起こり始めた。つまり2000年来の問題でもなく、1948年以来の問題でもなく、19世紀末以来の140年程度の問題であるというのが、筆者の立場である。

ちなみにパレスチナという土地を巡る争いの結果は、どうなったのか。現段階では、パレスチナという土地にユダヤ人国家を創ろうと考えた人々の――ここではシオニストと呼ぼう――シオニスト側の圧勝である。というのはパレスチナという土地の大半をシオニストが支配しているからだ。

なぜシオニストと呼ぶかと言えば、イスラエルの建国運動というのは、ユダヤ人たちが祖先の住んでいたとみなす土地シオンに戻ろうという運動だからだ。シオンとはエルサレムの別名である。

そのシオニストと先住のパレスチナ人の土地争いの結果の解説の続きである。上の地図を見ていただきたい。歴史的にパレスチナと呼ばれる地域は現在の国際的に認められた国境線内のイスラエルとヨルダン川西岸とガザ地区に分けられる。そのイスラエルはパレスチナの78パーセントに当たる。しかもガザ地区はパレスチナ人が支配しているものの、その周りは壁で囲まれている。海もイスラエルの艦艇が監視しており、ガザの海岸から遠くへはパレスチナ人は出られない。陸上の出入口はイスラエルとイスラエルに協力するエジプトによって管理されている。限られた物資と人しか往来が許されていない。ガザは巨大な監獄状態である。

それではヨルダン川の西岸地区は、どうだろうか。ここでも、ほんの一部の土地がパレスチナ人の自治下にあるだけで、他の大半はイスラエルが支配している。そしてパレスチナ人から土地を奪ってユダヤ人が入植している。

ガザ地区と西岸地区にパレスチナ人の国家を創ってイスラエルと平和裏に共存させよう。これが二国家解決案と呼ばれる和平案である。だがパレスチナ国家を建設すべき土地をイスラエル側が奪い続けているのが、パレスチナ問題という土地争いの現状である。

7. パレスチナ問題以前のパレスチナ

これが土地争いであって宗教対立でないのは、その歴史を見れば明らかである。シオニストの到着まではパレスチナは平和だった。

ヨーロッパのユダヤ人がパレスチナに移民を始めた19世紀末、この地域を支配していたのは、イスタンブールを首都とするオスマン帝国であった。この帝国の支配下のパレスチナは、いかなる状況であったのだろうか。そして、それ以前は、どうだったのか。パレスチナの歴史は多くの征服者そして被征服者の歴史が積み重なっている。そしてオスマン帝国の時代へと、そしてオスマン帝国後の時代へと連なっている。歴史の層の一枚一枚を語り始めれば、ページ数が尽きてしまう。そこで歴史の始まりから、早足でオスマン帝国の時代までを振り返っておこう。

歴史の記述にパレスチナが現れるのはユダヤ教の聖書（旧約聖書）の時代にさかのぼる。聖書によれば、エジプトからヘブライ人を引き連れてモーゼが紅海を渡りシナイ半島に入ったのは、紀元前13世紀頃であったとされている。モーゼ自身はパレスチナに入る前に没した。だが、その後継者に率いられたヘブライ人たちは、パレスチナへ侵入した。

聖書の記述によれば、また考古学的な発掘調査によれば、その時にはすでに先住の人々が生活していた。そうした人々を征服しつつユダヤ人は、ここに王国を建設した。

ユダヤ人の歴史の中で特筆されるべき栄光の時期は、ダビデ王の建てた古代イスラエル王国の時代である。ダビデの子ソロモンは、エルサレムに壮麗な神殿を建設した。紀元前10世紀のことである。

しかし、やがてイスラエル王国は分裂し弱体化する。そして新バビロニア王国（前625年～前539年）のネブカドネザル二世（前605年～562年）は、エルサレムを征服し神殿に火を放った。しかもネブカドネザル二世はエルサレムの住民の多くを自らの首都のバビロンへと強制移住させた。また神殿の宝物を持ち去った。バビロンは現在のイラクの首都バグダッドの約80キロメートル南に位置している。この事件が起こったのは、紀元前586年のことであった。歴史上、ユダヤ人の「バビロン捕囚」として知られる事件である。ユダヤ教の聖書（旧約聖書）、詩篇の137篇の第一節は語る。「われらはバビロンの川のほとりにすわり、シオンを思い出して涙を流した」（『聖書（口語訳）』日本聖書協会、1992年、878頁）。

さてユダヤ教徒の囚われていたバビロンを、紀元前539年に、アケメネス朝ペルシア帝国のキュロス大王が攻略した。そして、その翌年に囚われていたユダヤ人たちを解放した。

この解放に関しては、「旧約聖書」が証言している。もう一度、日本聖書協会の1992年出版の『聖書（口語訳）』から、引用しておこう。

ペルシア王クロスはこのように言う、天の神、主は地上の国々をことごとくわたしに下さって、主の宮をユダにあるエルサレムに建てることをわたしに命じられた。あなたがたのうち、その民である者は皆その神の助けを得て、ユダにあるエルサレムに上って行き、イスラエルの神、主の宮を復興せよ。彼はエルサレムにいます神である。」（「エズラ記」第１章第２～３節、651頁）

クロスとはキュロスのことである。古代の言語の研究が進み、どうも古代のペルシア人は、その偉大な王の名をキュロスではなくクロシュと発音していたと研究者たちは考えるようになった。聖書のクロスとの訳語は、こうした最新の言語学研究の成果を踏まえたものであろう。ここではキュロスという良く知られた名前の方を使おう。

さて、聖書のキュロスに関する記述を裏付ける発見が1879年にあった。バビロン陥落の翌年、つまり前538年に作られた円筒印章が、イラクのバビロンの遺跡で発掘された。これはキュロス大王の円筒印章として知られる。ユダヤ教徒への直接の言及はないものの、人々の信仰の自由を保証する内容のキュロスの勅令（王様の命令）が刻まれている。世界最初の人権に関する宣言として知られ、実物がロンドンの大英博物館に、そしてコピーがニューヨークの国連本部に展示されている。

この円筒印章をもって、イラン人は、信仰の自由と人権を重んじる政策を歴史上で最初に表明し実行したのは自分たちの祖先であると主張する。自由とか民主主義いう概念は、古代ギリシアのポリス（都市国家）で花開いたとされる。しかし、それは奴隷制度の上に立脚した一部の市民による民主主義であり限られた人々のみの自由にすぎなかった。古代アケメネス朝ペルシア帝国は、より多くの人々に信仰の自由を保証していた。キュロス大王の円筒印章は、現代のイラン人の自負と誇りの根源の一つである。

計算してみるとネブカドネザルのエルサレム攻略から、キュロスのバビロン攻略の翌年までの期間は48年間である。キュロスはネブカドネザルが奪った宝物をユダヤ人たちに返還し、神殿の建設費用の援助までしている。パレスチナに戻ったユダヤ人たちはエルサレムの神殿の再建に着手する。長い年月をかけての大工事が終わり、神殿が完成したのは紀元前515年であった。ユダヤ教徒はソロモンの建設した神殿を第一神殿と呼び、この時に再建された神殿を第二神殿と呼ぶ。この第二神殿が後に拡張された。その一部が現在でもエルサレムに残っている。嘆きの壁と呼ばれる部分である。

記述が歴史の流れを追い越してしまった。古代に戻ろう。さて、やがてパレスチナは、ローマ帝国の支配下に入る。今風の表現を使えば、ローマ帝国は古代地中海世界のスーパーパワー（超大国）であった。ローマの支配に対して、ユダヤ人は何度も反乱を起こした。最後の反乱が鎮圧されたのが、紀元後70年であった。ローマ軍は神殿を破壊し、ユダヤ人をエルサレムから追放した。以降ユダヤ人は世界各地に「ディアスポラ（離散）」した。その子孫が現代のユダヤ人である。というのが、広く受け入れられている認識である。

いずれにしろ、ローマの征服以降も、エルサレムを中心とするパレスチナには幾度となく征服者がやってきた。その征服者たちは、それぞれの影響をパレスチナの歴史に刻んだ。そして多種多様な宗教宗派の人々が、パレスチナを共存の空間とした。それは、16世紀のオスマン帝国によるパレスチナの征服後も引き継がれる伝統であった。唯一とも言える例外は十字軍であった。この十字軍については、既に触れた。

十字軍は、ヨーロッパから乗り込んできた武装した集団であった。異教徒の支配下にある聖地をキリスト教徒の手に取り戻すという「大義」を掲げていた。この西ヨーロッパに発した十字軍の運動は11世紀末に始まり、13世紀まで続いた。西ヨーロッパから見れば正義の戦いかも知れないが、中東の人々にとってみれば、繰り返し襲ってくる単なる侵略者の大集団であった。

さて16世紀の初めの1516年にエルサレムを征服したのはオスマン帝国のセリム１世だった。この帝国は、それから20世紀初頭までパレスチナを支配した。オスマン帝国は最盛期にはアジア、ヨーロッパ、アフリカにまたがる広大な領域を支配した。

この帝国の支配層はスンニー派のイスラム教徒であった。オスマンという名前からして読者は、スンニー派の帝国だと判断できるだろう。その統治理念は他宗教への寛容であった。具体的には、それぞれの宗派に自治を与えた。

各教徒は、自分たちの間で大半の問題を処理していた。こうした宗派の自治を認める統治の方法はミッレト制度と呼ばれた。パレスチナにおいてもイスラム教徒、キリスト教徒、ユダヤ教徒が、平和裏に共存していた。こうした統治の方法から見ると、古代オリエント世界を統一したアケメネス朝ペルシア帝国を樹立したキュロスの統治方法をオスマン帝国は踏襲したと言えるだろうか。多民族・多宗派の国家を統治する上では、唯一の現実的な方法である。問題の土地パレスチナでもイスラム教徒、キリスト教徒そして少数ながらユダヤ教徒が平和に共存していた。

なお、ここではヘブライ人、ユダヤ人、ユダヤ教徒を厳密に定義せずに、同じ人々として言及している。

歴史を振り返ったのは、宗教による対立が紛争を生んで来たのではないという単純にして重要な事実を確認するためである。争いはあったが、神学で争ったのではなかった。誰が土地を支配するかという争いであった。これは現代も変わらない。宗教の研究は重要だが、紛争に関する理解にはあまり寄与しない。

8. 魔法の言葉

この宗教紛争という説明は大半の場合には不適切だが、便利である。なぜ便利かと言えば、「宗教紛争」という説明をする「専門家」は、大半が偽物だとわかるからである。

宗教紛争という解説の問題点は、紛争が解決に向かった際に全く説明力を持たないからである。たとえば紹介したアブラハム合意である。これまで宗教紛争であったのならば、解決は不可能である。ユダヤ教もイスラム教も変わっていないからである。しかし、実際にはユダヤ教徒と一部のイスラム教徒の間に歩み寄りが見られた。その結果の合意である。なぜか、そもそも、アラブ諸国とイスラエルの対立は宗教問題ではなかったからだ。だから宗教は変わっていないのに、他の状況の変化を受けて各国の政策が変わったのである。最後に、もう一度だけ結論を繰り返そう。「宗教紛争」という何も説明していないのに、分かったような気にさせる言葉は信用できない。あまりに単純で分かりやすい解説は、しばしば危険である。

〔関連年表〕

紀元前10世紀　第一神殿の建設

紀元前586年　エルサレム陥落　バビロン捕囚の始まり

紀元前539年　バビロンの陥落

紀元前538年　ユダヤ人の捕囚からの帰還

紀元前515年　第二神殿の建設

70年　エルサレム陥落と第二神殿の炎上

７世紀　イスラム教成立

1096年　第１回十字軍

1492年　グレナダ陥落

1516年　オスマン帝国のセリム１世のエルサレム征服

1879年　キュロス大王の円筒印章の発見

1948年　イスラエル成立

2014年　ISの成立宣言

2020年　アブラハム合意

注記：「2．三つの兄弟宗教」は、拙著『国際理解のために〔改訂版〕』（放送大学教育振興会、2019年）の第１章「ユダヤ教、キリスト教、イスラム教」、「6　パレスチナ問題」は、拙著『パレスチナ問題（'16)』（放送大学振興会、2016年）第１章「パレスチナ問題以前のパレスチナ」の議論をそれぞれ踏まえて執筆した。

15 現代の国際政治をいかに捉えるか

白鳥潤一郎

1. コロナ禍と国際政治

中国・武漢で新型肺炎が流行している、というニュースが日本で広く報じられるようになったのは2020年の正月休みが明けた頃であっただろうか。程なくして新型コロナウイルスによるものと判明する。日本では1月下旬に入る頃から街にマスク姿が目立つようになり、2月に入るとクルーズ船ダイヤモンド・プリンセス号における集団感染が明らかになり、中旬以降は各地で感染が拡大していった。

世界保健機関（WHO）がパンデミックを宣言したのは3月11日だが、遅きに失した感は否めない。初動段階では中国への配慮が優先されたとも伝えられる。この時期日本では小中学校及び高校などに全国一斉の休校が既に要請されていた。世界中で「ロックダウン」等の厳しい措置が取られ、日本でも4月7日に緊急事態宣言が発令された。その後も一進一退が世界各国で続いている。2020年末には早い国でワクチン接種が始まり、2021年には各国で接種が本格化したが、その一方で感染力の高い変異株が猛威を振るっている。

人々の生活は一変し、各国の政治にもコロナ禍は大きな影響を与えた。歴代最長の7年8ヵ月続いた第2次安倍晋三政権は、首相の持病悪化を理由に2020年9月に退陣した。アメリカでは11月に大統領選挙の一般投票が行われ、2016年と同様に接戦州の動向に左右される形ながら、現職大統領が28年ぶりに敗北する結果となった。コロナ禍がなければ、第2

次安倍政権の退陣も、また米大統領選も異なる展開であったことは想像に難くない。

各国の内政を通じて、コロナ禍が様々な影響を国際政治に与えたことは間違いないし、それは危機が収束するまで続き、その後の展開を左右するものである。しかしながら、コロナ禍が国際政治に与える影響は、国際政治の性格を一変させるようなものではない。コロナ禍は、過去の様々な危機と同じように、それ以前に生じ始めていた様々な変化を加速させ、顕在化させたと見る方が実態に即している。

たしかに、コロナ禍はヒトの移動に大きな打撃を与え、感染の拡大はサプライチェーン等にも影響が及んだ。ヒトの移動への影響はしばらく続くと思われるが、それでもグローバル化はさらに進むことになるだろう。これまでの各章で繰り返し触れたように、自由な資本移動が可能な限り、企業は最適な生産拠点を見つけ、より収益の上がる市場に参入し、グローバルな国際分業体制を作り続け、それに伴ってモノの移動もヒトの移動も続いて行くのである。

トランプ（Donald Trump）大統領の姿勢もあって、ワクチン開発への大規模な支援を除けば、アメリカのコロナ対策は迷走が続いた。国際場裏におけるアメリカの指導力はさらに低下した。WHO の初期対応に批判が集まったように、国際機関にも批判の目が向けられた。ヒトの移動が厳しく制限される中で、G７サミットをはじめとして各種の首脳会合が中止やオンライン開催となり、危機の克服に向けた国際協調も低調に推移した。途上国向けのワクチン供給に関する枠組み（COVAX）は整備されたものの、別枠で先行してワクチン接種が進んだのは先進国であり、より効果の高いワクチンは先進国に集中した。途上国には不満が蓄積されている。グローバル化がもたらした危機に対応するガバナンスの枠組みが不十分であることが改めて確認された格好である。さらに、米中対立はコロナ禍を経てより深刻なものとなった。感染源調査に非協力的で、マスクやワクチンをあからさまな形で影響力拡大に用いる中国の姿勢には、世界の多くの国から批判の目が向けられている。

このような事態はいずれもコロナ禍がもたらしたものだが、それ自体が国際政治の質的な変化を示しているわけではない。ヒトの移動の制約は当面続くであろうし、対面での交渉や接触の機会が限られることは国際政治の様々な局面にマイナスの影響をもたらすだろうが、コロナ禍によって国際政治の性格が一変したわけでないことは改めて確認しておく必要がある。

国際社会は依然として無政府状態であり、中心的な役割を担うのは主権国家であり、究極的には軍事力が持つという国際政治の特徴は依然として変わっていない。とはいえ、それはあくまで構造的な特徴であって、主権国家体制の枠内で様々な変化があった。第二次世界大戦後についても、国際機関や多国間外交の増加や脱植民地化に伴う主権国家数と領域の拡大、経済領域の国際政治問題化などが生じた。冷戦後には、グローバル化の進展と共に気候変動問題などの脱領域的な課題や、サイバー空間や宇宙など新たな空間をめぐる問題が重要性を増している。

2. 米中対立の時代？

2010年代末頃から米中対立が本格的に始まり、力を剥き出しにした大国間政治の復活も喧伝されている。

佐橋亮によれば、約半世紀にわたって関与政策を続け、中国の大国化に手を貸してきたアメリカには、経済成長を遂げることで、①中国が政治改革を進め、②市場化改革を行い、③既存の国際秩序を受け入れその中で貢献を増していく、という三つの期待が存在していた。この三つの期待がアメリカで徐々に失われたことで、米中対立は本格化した。オバマ（Barack Obama）政権の末期から急速に高まったアメリカの対中警戒感は、トランプ政権下で本格的な米中対立に至った。本書の校正段階（2021年8月）までを見る限り、2021年1月に発足したバイデン（Joe Biden）新政権の姿勢は前政権以上に厳しい。

それでは、2020年代の国際政治は、「米中対立の時代」となるのだろうか。

アメリカは日本の同盟国であり、日米関係は外交の基軸である。その一方で中国は日本にとって最大の貿易相手であり、巨大な隣国でもある。地理的に見て日本は米中対立の最前線に位置しており、その影響を大きく受ける立場にあるだけに米中対立への関心も高い。また日本は、アメリカの政策転換よりも前から台頭する中国への脅威認識を深めていたという経緯もある。中国が日本のGDP（国内総生産）を抜いて世界第2位の経済大国に浮上した2010年前後から、尖閣諸島をめぐる情勢も緊迫化し、自国の防衛という観点から警戒感を強めて対応してきた。2010年代中盤までは日本がアメリカやヨーロッパに対して中国の脅威を説きつつ、経済面での相互依存との兼ね合いもあって対中政策の微妙なかじ取りを続けてきた。それが2010年代末になると逆にアメリカから強い対応を求められるようになったというのが、日本の実務家の多くにとっての実感だろう。

これに対してヨーロッパ諸国の見方は若干異なる。ロシアと欧米諸国の対立は徐々に深まり、2014年3月のクリミア併合を機に決定的なものとなった。ヨーロッパ諸国は、実態を伴う脅威として中国以上にロシアに対してより厳しい姿勢を示してきた。2019年以降は新疆ウイグル自治区における人権問題や香港の問題、コロナ禍対応をめぐって対中認識も厳しくなっているものの、米中対立の最前線に位置する日本との温度差は否めない。

2010年代前半にはアメリカとロシアの関係、そして2010年代末からはアメリカと中国の関係で緊張が高まり、「新冷戦」と呼ばれることがある。とりわけ中国の台頭は目覚ましく、マスメディアだけでなく少なくない専門家も「米中新冷戦」という表現を用いている。かつてのソ連とロシアが並ぶ存在でないことは常識的にも分かるが、中国はアメリカの国際的な地位を脅かし得る存在になりつつあり、米中対立は大きく注目されている。「新冷戦」という呼び方が定着するかは定かではないが、重要なのは定義であり、そこから何を読み取るかであろう。この点について専門家の見方も割れているが、差し当たりはかつての「冷戦（the Cold War）」を振り返り、類似点と相違点を確認することが最低限必要である。

第３章で紹介したように冷戦については様々な定義があるが、終結後の視点から見た特徴は、①米ソ両国間の権力政治と生活様式（イデオロギー）をめぐる二重の闘争であったこと、②主要当事国間での軍事紛争に発展することなく終息したこと、③ヨーロッパだけでなくアジア、中東、アフリカで展開した世界的な争いであったこと、の３点にまとめられる。冷戦期の国際政治は、どのような問題であっても多かれ少なかれ冷戦の影響を受けることになり、その影響は全世界に広がっていた。

本格的に始まったばかりの米中対立の行方を占うことは難しい。それでも、開始の時点で米ソ冷戦とは相違点の方が目立つのは間違いない。

米中両国の政治体制が異なることは対立の火種ではあるが、かつてのソ連とは違って中国は政治体制やイデオロギーの輸出に熱心なわけではない。南シナ海や東シナ海における対立のように伝統的な安全保障課題も依然として重要ではあるが、現代の安全保障では宇宙やサイバー領域といった新たな空間における技術をめぐる争いが主戦場の一つとなっている。中国の経済進出は全世界的に進んでいるものの、アメリカとグローバルに相争っているわけでもない。

対立する二つの国の関係性も異なっている。第一に、米ソは異なる経済体制を取って経済的な結びつきも当初はほとんど存在しなかったが、米中は相互に依存している。アメリカ国債の保有額で中国は日本に次ぐ世界第２位であり、アメリカにとって中国は最大の貿易相手国である。米中両国の「デカップリング」が話題になるのは、それだけ相互依存が進んでいることを示している。

第二に、東西両陣営という言葉に象徴されるように米ソ両国は同盟ネットワークに支えられていたが、中国に同種の同盟ネットワークは存在しない。様々な多国間協力の枠組みも増えるなど、冷戦期と冷戦後で同盟の持つ役割は異なっているものの、かつてのソ連のように中国が一つの陣営を構築できるとは考えにくい。米中対立は、台頭する一つの新興国の挑戦にアメリカが対抗する形で生じたものである。

第三に、冷戦の初期段階では米ソ間の交渉は途絶していたが、米中間の接触は保たれている。金融面など交渉を経て相互依存がより深まっている領域も存在している。中国とアメリカの国力がさらに接近し、それに伴って緊張がより高まれば分からないが、米中両国が冷戦初期の米ソのように「交渉不可能性の相互認識にたった非軍事的単独行動の応酬」（永井［2013］）をしているわけでもない。

以上の違いは、米中対立が深刻でないということを意味するわけではない。世界第１位と第２位の経済大国の対立は、国際政治の行方を不透明にするものだし、米中両国の双方と密接な関係を持つ国々は難しい選択を迫られることになる。とりわけ、アジア諸国が米中対立から受ける影響は極めて大きい。アジアの国際政治は当面の間、米中対立を中心に展開していくことになるのではないだろうか。

しかしながら、世界全体を見れば、かつての「冷戦期」と同じような意味で「米中対立の時代」に入ったとまでは言えないだろう。それでは、現代の国際政治を特徴づけるのは何か。この点を次に考えることにしよう。

3. 異質な国家間のグローバルな相互依存

冷戦後の国際政治は、当初は国連への期待が高まったものの、その後はアメリカの「一極支配」や「一極構造」と形容されることが多かった。しかし、「対テロ戦争」が泥沼化し、さらにアメリカの住宅バブル崩壊に端を発する世界金融危機を経て、アメリカの「一極」は揺らいだ。危機はそれまでに生じつつあった一種の傾向を強める。新興国の台頭は加速し、2010年代を迎える頃には、「異質な国家間のグローバルな相互依存」が常態化した世界が顕在化した。

「異質な国家間」の関係が国際政治の主軸となるのは、ウィーン体制下の「ヨーロッパ協調」や、アメリカが圧倒的な影響力を誇った冷戦後とは異なるが、戦間期や冷戦期とは同じである。現在注目されているのは米中対立だが、インドなど他の新興国も今後の台頭が見込まれている。主権国家体制への「異質な国家」の参入は、アメリカや日本をはじめとして断続的に続いている現象である。

「相互依存」は、「ベル・エポック」とも呼ばれた第一次世界大戦勃発以前の世界でも相当に進んでいた。グローバル化が喧伝されるようになった20世紀末よりも、総資本移動は20世紀初頭の方が多かったことはしばしば指摘される。また第一次世界大戦以前は国境管理も緩やかであり、南北アメリカ大陸を受け入れ先とする移民も多数に及んだ。

「異質な国家間の相互依存」がそれなりに進んでいた時代もある。

「異質」の定義次第ではあるが、20世紀初頭のヨーロッパや、戦間期の状況は異質な国家間の相互依存が進んでいたと言えるであろう。民主主義を掲げる米英仏と、一党独裁を採ったドイツやイタリア、軍部の影響力が次第に強くなっていった日本は異質であったが、同時に相互依存はそれなりに進んでいた。

自由な資本移動を出発点とする「グローバル化」は、1970年代初頭のニクソンショックや二度の石油危機後を経て進展した。1970年代末から80年代半ばにかけての中国やベトナムの経済改革、冷戦終結後の旧東側諸国の市場経済への移行によって、市場経済はグローバルに広がった。

以上のように、異質な国家の相互依存は20世紀の前半にも生じていたものであり、グローバル化の歩みが始まったのは1970年代のことである。しかしながら、「異質な国家間のグローバルな相互依存」が常態化したのは、2010年代に入る頃であった。

世界金融危機への対応に向けて、2008年11月にG20の首脳会合が初めて開催された。G20は、アジア金融危機後の1999年から財務相・中央銀行総裁会議を初開催しており、首脳会合開催は新たな時代の幕開けを象徴するものであった。とはいえ、世界金融危機が終息するとG20サミットは年中行事の一つとなり、当初のモメンタムは失われた。

2010年代に入ってからは、一方でロシアのクリミア併合や中国における習近平政権の強権的な姿勢があり、他方でブレグジット（イギリスのEU 離脱）をめぐる動きやアメリカにおけるトランプ政権発足といった国際主義の退潮が目立つようになった。また、「アラブの春」後の中東地域の混乱は、内戦が長期間継続したシリアや、米軍撤退後のイラクを中心に先行きを見通すのが難しい状況が続いている。グローバル化が進み、新興国が台頭する一方で、新たなグローバル・ガバナンスの形を見出せていないままに世界は2020年代を迎えたのである。

コロナ禍によってヒトの移動が制約される状況は続くが、グローバル化が止まったわけではない。米中を筆頭に主要国間の対立は深刻だが、気候変動やコロナ禍など各国家の協力なしに解決できない問題も山積している。米中対立が深刻化する中で、グローバル企業への課税ルールに関してOECD（経済協力開発機構）を舞台に議論が進み、さらに2021年７月のG20財務省・中央銀行総裁会議で合意されたように、国際協調の要素が消え去ったわけでもない。

主権国家によって空間を切り分けながら、国境を超える問題を管理し、異質な国家を抱え込みながら新たな秩序を模索することは、国際政治の営みとして19世紀から続いてきたものである。おそらく、今後しばらくの間は国際社会で「異質性」がより目立つことになるだろう。その過程では、「平和」と「正義」の相克が課題となり、また複数の正義の対立に翻弄される局面もあるだろう。主権国家体制が抱える古典的な課題との向き合いは続いている。

4. 日本外交の展望

本書を結ぶにあたって、現代の国際政治の中で日本が果たしている役割について考えることにしよう。

1970年代から90年代にかけて、台頭する経済大国として日本には警戒の目が向けられていた。日本の経済進出はまず東南アジア諸国との間に摩擦を生み、二度の石油危機を経て、集中豪雨的に輸出を行う日本と欧米諸国との貿易摩擦は深刻となった。貿易摩擦は経済全体の摩擦に拡大していった。時に文化摩擦とも言われたように、日本は異質な現状打破勢力になり得ると警戒されたのである。80年代のＧ７サミットの隠れたテーマは「日本問題」であり、毎年の首脳会合の前に各種の摩擦を落ち着かせるための措置を取るというパターンが続いた。日本は、経済力を軍事力等に転化することには慎重であり、自らが現状維持勢力であると繰り返し示すことに努めた。

振り返ってみれば、日本の国力の相対的なピークは1990年代の半ば頃であった。様々な要素が複雑に絡まり合う国力の測定は容易ではないが、一つの指標としてGDPに注目すれば、90年代初頭のピーク時に日本のシェアは世界全体の約18％に達していた。その後、バブル崩壊後の経済運営に失敗した日本が「失われた20年」を過ごす一方で、アメリカが経済的に復活し、新興国が台頭することで2020年のシェアは往時の３分の１程度の約５％強にまで低下している。この過程で日本に対する警戒感も和らいでいった。

以上のようにまとめると、日本外交も1990年代半ばをピークにその活動や影響力を低下させていると思われるかもしれない。たしかに、世界の多くの国にとって日本が最大の貿易相手であり、日本が「非欧米諸国で唯一の経済大国」というある種の特権的地位を失ったことは事実である。しかしながら、相対的な国力を低下させつつも、国際秩序との関連で果たす役割はむしろ拡大を続け、より総合的なものになっている。

冷戦後の日本外交にとって「原点」となったのは、湾岸戦争であった。冷戦後の国際秩序の行方を左右する湾岸戦争に際して、日本の対応は迷走した。日本の貢献は決して小さなものではなかった。負担した戦費100億ドルはサウジアラビアとクウェートに次ぐものであり、さらに紛争周辺国への20億ドルの供与を含めて日本の拠出額は130億ドルを超えた。しかし、この「小切手外交」は評価されず、経済面――「利益」の体系――を中心とした従来の外交姿勢に再検討を迫ることになった。

湾岸戦争での失敗を契機の一つとして、冷戦後の日本は国際安全保障活動への参画を大きな課題とするようになった。和平後のカンボジアでの国連平和維持活動（PKO）参画をはじめとして、海外への災害派遣や海賊対処など各種の国際的な活動に参画していく。新たな国際的な活動参画の中心は自衛隊であったが、その活動は自国の防衛（national defense）ではなく国際安全保障（international security）であったことに注意する必要がある。自衛隊を活用するものではあっても、それは「力」の体系というよりも「価値」の体系に関わるものであった。

国際安全保障への参画と並行して進められたのがODA（政府開発援助）の刷新である。冷戦期の日本は、東南アジア諸国への賠償を出発点にアジア諸国を中心に経済協力を進めてきたが、9.30事件後のインドネシアを支え、光州事件後の韓国に大規模な経済援助を行ったように、人権や民主主義といった普遍的な価値は軽視されていた。しかし、1989年に発生した天安門事件を機に、対応は見直され、援助の理念がODA大綱として整理されることになった。その後、新ODA大綱では「平和構築」や「人間の安全保障」への取り組みも掲げられた。

「価値」の体系に重点を置く一方で、日米同盟は冷戦後に深化していった。冷戦を前提に構築されたアメリカの同盟ネットワークは、冷戦後もその多くが継続しており、日米同盟もその一つと言える。1996年4月の日米安保共同宣言に結実した「日米安保再定義」に大きな影響を与えたのは、朝鮮半島核危機である。北朝鮮の核開発に向けた動きは、アメリカが限定的な先制攻撃を検討する深刻な事態に至ったが、その際に日本が具体的に協力する法的枠組みを持たないことが明らかになった。その後、周辺事態法や有事法制の整備が進み、復興支援を中心とした「対テロ戦争」への協力などを経て、日米の同盟関係は深化をしていった。

2010年前後を境に、日本外交は重点的に取り組む新たな領域を「価値」から「力」に移している。そして、日本の取り組みは各分野で積極化している。この点を最後に確認しておこう。

金正恩体制下で繰り返される北朝鮮のミサイル実験や核開発問題は予断を許さない状況が続いているが、より根本的な課題は中国の軍事的台頭への対応である。2010年にGDPで世界第2位の経済大国となった中国は、人民解放軍の装備近代化を図ると共に日本周辺における軍事活動も活発化させている。尖閣諸島では2010年9月の漁船衝突事件によって緊張が一挙に高まり、さらに12年秋の日本政府による「国有化」以降は中国公船の領海侵犯は常態化している。その後も中国は2013年11月には尖閣諸島を含む形での防空識別圏を設定するなど、緊張はますます高まっていった。

安全保障環境の悪化もあり、民主党政権下では、2010年12月に防衛計画の大綱を改訂して、従来「基盤的防衛力」に代わる「動的防衛力」という考えが打ち出された他、11年12月には武器輸出三原則の緩和、さらに海洋安全保障分野での積極化が図られた。

2012年12月に発足した第2次安倍政権は、20年9月の退陣まで7年8ヵ月を超える長期政権となった。集団的自衛権に関する憲法解釈の変更と、それに基づく平和安全法制（安保法制）が国論を二分する形となったこともあり、第2次安倍政権で日本の安全保障政策が転換されたという印象が強いかもしれないが、実際の取り組みには、民主党政権下で進められた施策を引き継いだ側面が少なくない。「防衛計画の大綱」で示される防衛力の定義は、13年に「統合機動防衛力」、18年に「多次元統合防衛力」へと改定されたが、基本的な方向性が変わっているわけではない。

第8章でも触れたように、二国間外交ないし二者間（バイラテラル）の積み重ねという観点から眺めれば、日米関係はそれなりに安定していたが、朝鮮半島との関係構築には南北共に失敗し、ロシアとは北方領土問題の兼ね合いで深入りしたものの進展せず、米中対立が激しくなる中で日中関係の舵取りには苦慮した、といった辺りが、多くの専門家の見る第２次安倍政権の外交ということになるだろう。安倍政権が「首相案件」として掲げた拉致問題や北方領土問題の解決には失敗した。

とりわけ、対ロ外交について専門家の評価は一様に厳しい。退任後のあるインタビューで「戦略的な判断として、ロシアを中国側に追いやってはいけない、ロシアとの関係を改善しなければならない」というのが基本的な考え方だったと安倍は説明している（『外交』第65号、2021年１月、97頁）。しかし、ロシア専門家は対中警戒心を媒介とする日ロ両国の提携は難しいと見ている。

一般にはあまり注目されないものの、静かな進展が見られたのはヨーロッパとの関係である。日・EU 経済連携協定締結の他、NATO（北大西洋条約機構）や主要国との安全保障協力も着実に深まっていった。政治制度と基本的な価値観を共有し、アメリカとの関係でも基本的な利害が一致することの多い日欧間の提携は、目立たないながら日本にとって大切な資産となるだろう。同様にオーストラリアとの間では、一部の専門家が「準同盟国」と呼ぶまでに関係が強化されている。

第２次安倍政権の外交を検討する際には、二国間外交だけでなく、外交や安全保障に関わる体制や法制度の整備と多国間外交を考慮することが必要である。

第１次政権の時代から模索された、国家安全保障会議（NSC）設置は「首相案件」として進められた。形骸化が指摘されるようになっていた前身の安全保障会議の機能は「九大臣会合」として残しつつ、より頻繁かつ具体的な議論を行うために首相、外相、防衛相、内閣官房長官からなる「四大臣会合」を設置し、必要に応じて「緊急事態大臣会合」が開催されるという建付けになっている。事務局として内閣官房に設置された国家安全保障局（NSS）は、外務省及び防衛省を中心とした出向者から構成されている。2013年12月に発足した国家安全保障会議の「初仕事」となったのは、「国家安全保障戦略」の策定である。「防衛計画の大綱」や「開発協力大綱」をはじめとする各分野の政策文書の前提となる基本方針を示している（国家安全保障戦略は「おおむね10年程度の期間を念頭に置いたもの」であり、この授業の開設期間中に見直しがあるかもしれない）。

第２次安倍政権下では、概ね月２～３回程度の頻度で四大臣会合が開催され、NSC は外交・安全保障政策の「司令塔」となった。しかし、今後どれだけ有効に活用されるかは、「橋本行革」の成果として設置された経済財政諮問会議を使いこなしたと言えるのが小泉純一郎政権に限られるように、政権の姿勢次第である。

その後、2014年７月に集団的自衛権の限定的行使容認に関する閣議決定、翌15年４月に「日米防衛協力のための指針（ガイドライン）」の再改定、９月に平和安全法制（安保法制）成立が続いた。安保法制成立に至る議論は国論を二分する形となったが、集団的自衛権と個別的自衛権を厳密に分ける議論は憲法第九条の解釈に由来する技術的な側面が強いこともあり、諸外国から反発を受けることはなかった。

2015年８月には「戦後70年談話（安倍談話）」が公表された。保守的な政治姿勢が一部で懸念されたものの、「村山談話」を含めた過去の日本政府の基本的な立場を踏襲し、歴史認識問題に関する一応の決着を付ける形となった。翌16年に、オバマ米大統領が広島を、安倍首相が真珠湾を相互訪問したことは、日米間の「和解」を象徴するものであった。14年７月のオーストラリアにおける議会演説、15年４月の米議会における両院合同会議における演説と併せて、日本が過去の歴史について「修正主義」的な立場ではないことを印象付けた。とはいえ、異なる歴史と文化を持つ国家の歴史認識が一致することは原理的にあり得ない。歴史認識問題が依然として「入り口」に置かれる韓国との関係では難しい状況が続いている。

以上のように様々な体制や法制度の整備を進め、第1次政権期には「価値の外交」を、第2次政権では「積極的平和主義」を掲げた安倍政権だが、実際には自衛隊の海外展開には慎重であった。日本の国際安全保障参画の柱であったPKOにも新たな部隊派遣は行われず、現地情勢の悪化に伴って南スーダンからは2017年5月に部隊が撤収する形となった。また、香港情勢に関して慎重姿勢に終始したように、人権や民主主義といった普遍的な価値に関わる、いわゆる「人権外交」には消極的であった。

新たに浮上した「力」に関わる問題と向き合いつつも、第2次安倍政権が一貫して政治資源を割いて取り組んだのは「利益」に関わる問題であった。世界的に、メガFTA（自由貿易協定）締結に向けた動きが加速する中で、とりわけ力が入れられたのがTPP（環太平洋パートナーシップ協定）交渉への参画である。経済再生担当大臣をトップとし、国内調整を財務省からの出向者、国際交渉を外務省からの出向者が担う形の対策本部を設置し、周到に交渉は進められた。アメリカの離脱後には残りの11ヵ国による早期発効の流れを主導し、2018年末に環太平洋パートナーシップに関する包括的および先進的な協定（CPTPP/TPP11）は発効した。その他にも、2019年2月に日・EU経済連携協定が発効し、RCEP（地域的な包括的経済連携協定）交渉が大部分完了するなど、積極的な多国間外交が展開された。

日本外交の今後を占う意味でも注目されるのが、「自由で開かれたインド太平洋（FOIP）」構想である。FOIPは、2016年8月に開催されたTICAD（アフリカ開発会議）Ⅵの基調演説で発表された。冷戦後の日本外交は、橋本龍太郎政権の「ユーラシア外交」や、森喜朗政権のアフリカ外交や島嶼国外交など外交地平を徐々に拡大してきた。その延長線上にも位置づけられるFOIPは、日本発の政策ビジョンとしては例外的な広がりを見せた。アメリカの太平洋軍はインド太平洋軍に改称され、ヨーロッパ諸国も次々にインド太平洋戦略を打ち出している。米中対立が本格化する中で、日米豪印協議（クアッド）も進められている。

FOIPが2020年代を通じてさらなる広がりを見せるかは不透明な部分もある。外交に例外的に高い関心を持ち、長期政権を率いていた首相の退陣はモメンタムを失わせる。また一般的にも、各国で政権交代が続く中で、前政権が掲げていた構想は忌避される傾向にある。しかしながら、相対的な国力がさらに低下していく状況下で日本が国際的なプレゼンスを維持するためには、一貫したメッセージや外交構想の発信は不可欠である。

地理的に最前線に位置することもあり、米中対立は日本に難しい対応を迫っている。アメリカが関与政策を続ける限りは、日米同盟の深化と良好な日中関係は望ましいものである。中国の台頭が本格化し、軍事的な進出が目立つようになってからも、中国を一方で牽制しつつ、他方で経済的な関係の両立を強化することが可能であった。しかし、米中対立によってこのような国際環境は失われつつある。

異質な国家間のグローバルな相互依存が常態化し、米中対立が本格化する中で2020年代の日本外交には難しい舵取りが求められている。

主要参考文献

小泉悠『現代ロシアの軍事戦略』ちくま新書、2021年
佐橋亮『米中対立――アメリカの戦略転換と分断される世界』中公新書、2021年

白鳥潤一郎「「価値」をめぐる模索――冷戦後日本外交の新局面」『国際安全保障』第45巻第４号，2018年３月
永井陽之助『冷戦の起源――戦後アジアの国際環境Ｉ』中公クラシックス、2013年〔原著1978年〕
船橋洋一、G・ジョン・アイケンベリー編『自由主義の危機――国際秩序と日本』東洋経済新報社、2020年
宮城大蔵『現代日本外交史――冷戦後の模索、首相たちの決断』中公新書、2016年
ジェームズ・メイヨール（田所昌幸訳）『世界政治――進歩と限界』勁草書房、2009年

索引

●配列は50音順,（　）内の＊付きの語のページも掲載していることを示す。

●数字；アルファベット

●あ 行

●か 行

●さ　行

●た　行

●な　行

●は　行

●ま　行

●や・ら・わ　行

分担執筆者紹介

鈴木　一人（すずき・かずと）

1970年　長野県に生まれる

1993年　立命館大学国際関係学部中退（同大学院国際関係研究科への飛び級進学のため）

1995年　立命館大学大学院国際関係研究科博士課程 退学

2000年　サセックス大学ヨーロッパ研究所博士課程修了（現代欧州研究）

筑波大学大学院人文社会科学研究科准教授、北海道大学大学院法学研究科教授、北海道大学公共政策大学院教授を経て

twitter　https://twitter.com/ks_1013

現　在　東京大学公共政策大学院教授

専　攻　国際政治学

主な著書　『グローバリゼーションと国民国家』（共著、青木書店、1997年）

『宇宙開発と国際政治』（岩波書店、2011年）

『EU の規制力』（共編著、日本経済評論社、2012年）

『技術・環境・エネルギーの連動リスク』（シリーズ 日本の安全保障 第7巻）（共編著、岩波書店、2015年）

編著者紹介

白鳥　潤一郎（しらとり・じゅんいちろう）

1983年	静岡県に生まれる
2006年	慶應義塾大学法学部卒業
2013年	慶應義塾大学大学院法学研究科後期博士課程修了、博士（法学） 日本学術振興会特別研究員（DC2）、北海道大学大学院法学研究科講師、立教大学法学部助教等を経て
twitter	https://twitter.com/jshiratori
現　在	放送大学教養学部准教授
専　攻	国際政治学、日本政治外交史
主な著書	『「経済大国」日本の外交――エネルギー資源外交の形成 1967～1974年』（千倉書房、2015年） 『朝海浩一郎日記　付・吉田茂書翰』（共編著、千倉書房、2019年） 『平成の宰相たち――指導者たち16人の肖像』（共著、ミネルヴァ書房、2021年） 『世界の中の日本外交』（共著、放送大学教育振興会、2021年）

高橋　和夫（たかはし・かずお）

福岡県に生まれる
大阪外国語大学ペルシャ語科卒業
米コロンビア大学大学院国際関係論修士課程修了
クウェート大学客員研究員、放送大学教養学部教授等を経て2018年より一般社団法人 先端技術安全保障研究所（GIEST）会長

ブログ　https://ameblo.jp/t-kazuo/
ヤフー個人ニュース　https://news.yahoo.co.jp/byline/takahashikazuo/
twitter　https://twitter.com/kazuotakahashi
現　在　放送大学名誉教授
専　攻　中東研究、国際政治
主な著書　『アラブとイスラエル――パレスチナ問題の構図』（講談社現代新書、1992年）
『中東イスラム世界5燃え上がる海――湾岸現代史』（東京大学出版会、1995年）
『パレスチナ問題の展開』（左右社、2021年）
『世界の中の日本外交』（共著、放送大学教育振興会、2021年）

放送大学教材　1539426-1-2211（テレビ）

現代の国際政治

発　行　　2022年３月20日　第１刷
編著者　　白鳥潤一郎・高橋和夫
発行所　　一般財団法人　放送大学教育振興会
〒105-0001　東京都港区虎ノ門1-14-1　郵政福祉琴平ビル
電話　03（3502）2750

Printed in Japan　ISBN978-4-595-32340-9　C1331